Christiane Gohl
Hildegard Tollkötter-Büttner

Pferdesachen selber machen

Nützliches und Originelles
für Pferd und Reiter

KOSMOS

Für das Pferd an der Hand

Gestreifte Nylonhalfter, Führstricke und Putzzeug in poppigen Farben – Die Pferdewelt ist in den letzten Jahren bunt geworden! Aber trotz aller Farbspiele: Mitunter lassen es die Angebote im Reitsporthandel an Individualität vermissen. Nur wer Spaß daran findet, Ausrüstungsgegenstände für sein Pferd selbst zu knoten, zu häkeln und zu spleißen, kann sich hier abgrenzen. Dabei bieten besonders viele Dinge rund um Aufhalftern und Führen, Putzen und Longieren ein reichliches und unproblematisches Betätigungsfeld für Bastler.
Zum Teil können Sie dabei sogar Geld sparen und Abfall vermeiden – etwa beim Häkeln von Halftern oder Putzhandschuhen aus Strohbändchen, dem Nähen einer Putztasche aus einer alten Jeans oder beim Selbermachen relativ teurer Dinge wie zum Beispiel einer Doppellonge. Oft kosten die Materialien für ein buntes Halfter oder einen Führstrick allerdings fast so viel wie ein vergleichbares Stück im Fachhandel. Aber was soll's: Dafür ist es selbstgemacht, etwas ganz Besonderes und ein Beweis für die Zuneigung, die Sie Ihrem ganz besonderen Pferd oder Pony jeden Tag schenken.

Vom Anbinden bis zum Putzen

▸ Führstrick in Flechtarbeit

Egal ob in poppigen Farben oder in eher gedeckten Naturtönen: Dieser Strick sieht elegant aus, liegt gut in der Hand und ist vor allem schnell geflochten.

Da der Panikhaken nicht mit eingearbeitet, sondern erst in den fertigen Strick eingeknotet wird, kann der Strick nach Bedarf mit unterschiedlichen Haken kombiniert werden: Zum Beispiel einem Sicherheitshaken zum Anbinden oder einem leichteren Karabinerhaken zum Handpferdereiten.

▸ Materialbedarf:

Für einen 1,80 m langen Strick rechnet man 9,60 m Allzweckleine aus dem Geschäft für Segel- und Bootsbedarf. Sie benötigen vier Enden (Teilstücke) à 2,40 m für einen vierfarbigen Strick oder zwei à 4,80 für einen zweifarbigen wie auf den Fotos abgebildet ist. Der Durchmesser der All-

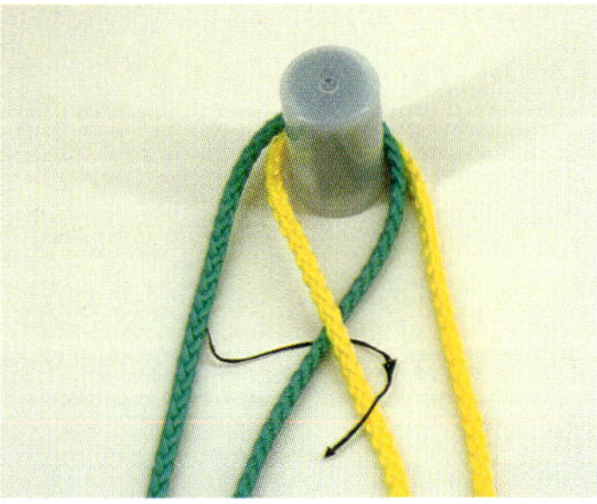

Erst eine Schlaufe schaffen, dann so mit dem Flechten beginnen!

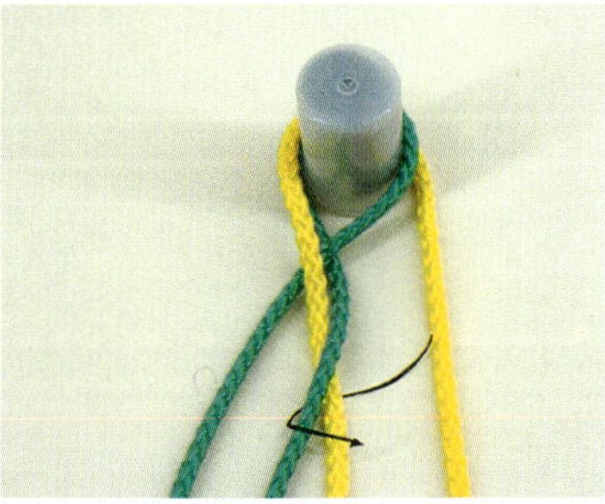

Das äußere Ende führt unter den beiden inneren Enden durch

So flechten Sie weiter bis zur gewünschten Länge

zweckleinen sollte mindestens 4 mm betragen, sonst wird der Strick zu dünn.

- **Darüber hinaus benötigen Sie:**
  Etwas Takelgarn zum Umwickeln des Endstückes
  Karabinerhaken aus dem Bootsbedarf oder Panikhaken aus dem Reitsportfachgeschäft
  Eine stabile Sticknadel
  Einen Korken oder ein Filmdöschen

Bevor Sie mit dem Flechten beginnen, muß eine Schlaufe geschaffen werden, die später das Anbringen des Panikhakens ermöglicht. Dazu legen Sie die Enden um einen Korken oder ein vergleichbares rundes Teil. Die genaue Anordnung für einen zweifarbigen Strick zeigt das Foto. Beim Flechten führen Sie nun die äußeren Enden abwechselnd von unten um die inneren Teilstücke herum, wie die Fotoserie zeigt. Das wirkt auf den ersten Blick kompliziert, ist aber ganz leicht, wenn man den Bogen einmal raus hat! Die Pfeile zeigen Ihnen, wie Sie die Enden weiter miteinander verflechten.

Die Ausgangsposition für den vierfarbigen Strick entnehmen Sie der Zeichnung auf S. 8. Hier werden zwei der Teilstücke über eine Länge von etwa 20 cm zusammen verflochten, um die Schlaufe für den Panikhaken zu fixieren. Dann geht es wie beim zweifarbigen einfach weiter. Die herausstehenden Endstücke werden kurz abgeschnitten und mit dem Feuerzeug verschmolzen.

Wenn die Endlänge des Strickes erreicht ist, nähen Sie die Seilenden mit Takelgarn zusammen und umwinden sie damit auf ca. 2 cm Länge. Das Ende wird vernäht. Zum Schluß befestigen Sie den Panikhaken mit Hilfe der Schlaufe, wie das Foto zeigt.

Zuletzt wird der Panikhaken angebracht

▸ PROFI·TIP

▸ **Stefanie Tücking**

Egal, ob Stricke in Flecht- oder Häkeltechnik: Besonders für ungeübte Bastler wird die Arbeit einfacher, wenn Sie Leinen verschiedener Farbe verarbeiten. Die verschiedenen Techniken Flechten, Häkeln und Knoten unterscheiden sich übrigens dadurch, daß die Enden nur übereinandergelegt und erst am Schluß fixiert werden (flechten), man mit Schlaufen arbeitet, die sich leicht wieder lösen lassen (häkeln) oder stets das ganze Seil durch eine Schlaufe führt und festzieht.

Schiffchen – die einfache Alternative zur Schnalle

Bei Flechtarbeiten und Häkeltechniken wird meist gespleißt, wenn Schnallen eingearbeitet oder Teile verbunden werden müssen. Bei der Herstellung von Lederkopfstücken und Zügeln wird das jedoch schwierig, denn hier erfordert das echte Sattlerarbeiten. Zum Glück gibt es jedoch die einfache Alternative, Lederstücke mittels Schiffchen zu verbinden (siehe Zeichnung S. 9). Diesen pfiffigen Schnallenersatz gibt es im Westernbedarf in verschiedenen Größen und Materialien, wobei Messingschiffchen besonders edel wirken. Am häufigsten verwendet man sie zur Bildung einer Schlaufe, also beim Anbringen des Zügels am Mundstück oder Mundstück am Kopfstück. Dann besteht nämlich praktisch keine Gefahr, daß sie sich lösen könnten. Wollen Sie mittels Schiffchen zwei Lederstücke verbinden, sollten Sie allerdings darauf achten, daß sie sich auf jeder Seite mindestens 5 cm überlappen und den Sitz des Schiffchens ab und zu prüfen.

Übrigens: Auch bei Häkel- und Flechtarbeiten lassen sich Schiffchen einsetzen. Z.B. wenn Sie ein ganzes Kopfstück in der Fünferzopf-Technik erstellen wollen, die beim Thema »Ohrteile« erklärt wird.

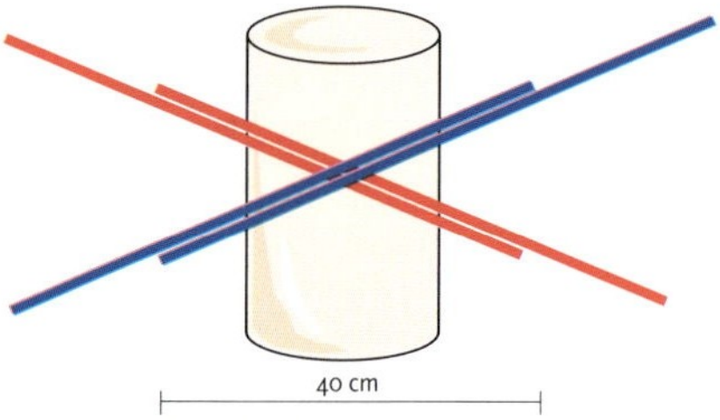

Ausgangsposition für einen vierfarbigen Strick: So werden die vier Enden um den Korken gelegt

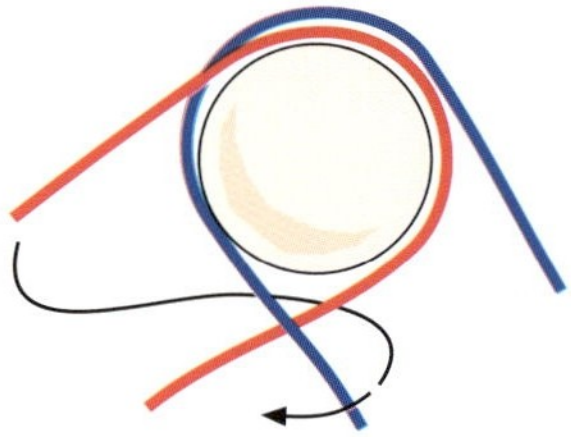

Nach Schaffen der Schlaufe beginnt man so zu flechten

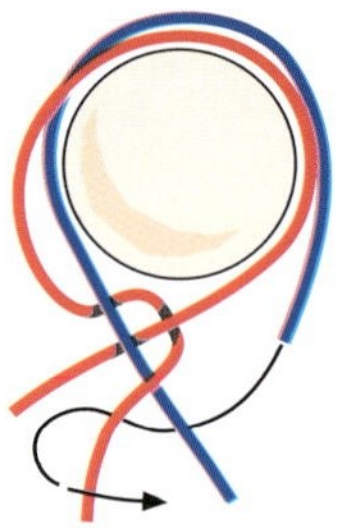

Nun dasselbe mit dem anderen Ende und so fort

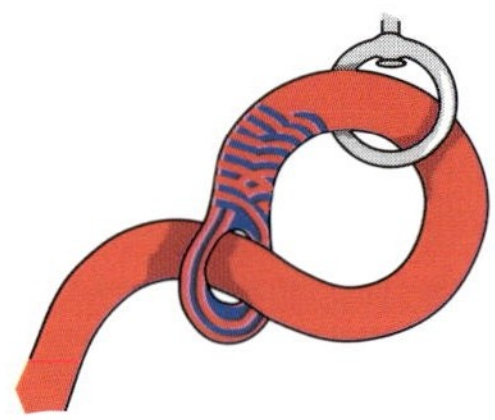

Anbringen des Panikhakens

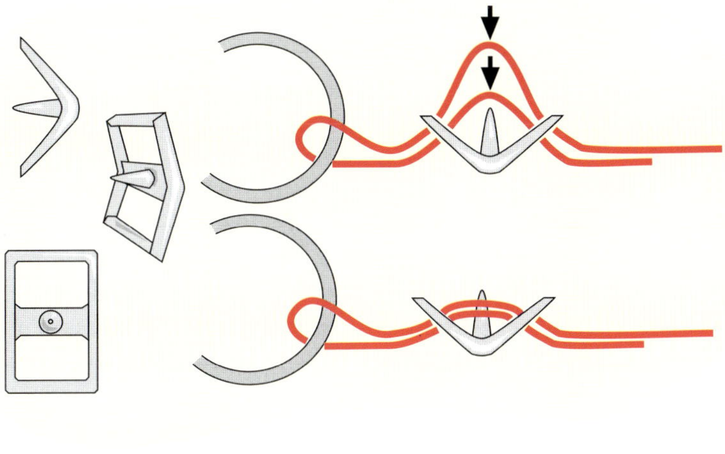

Fachgerecht takeln

Die Enden von Tampen werden grundsätzlich durch Takeln, also Vernähen und Umwickeln mit Takelgarn, gesichert.

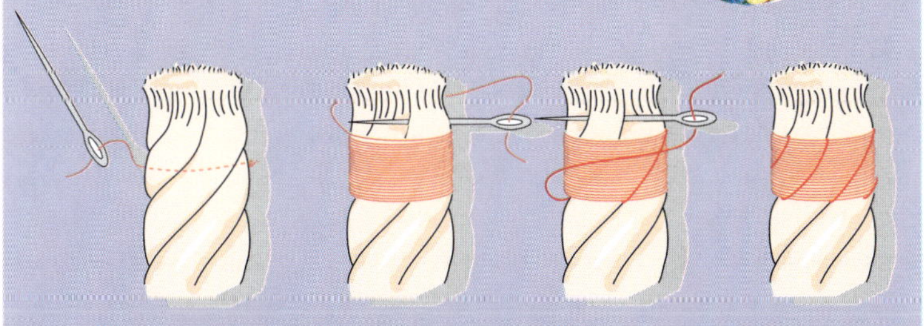

Hier wird geschlagenes Tau bearbeitet

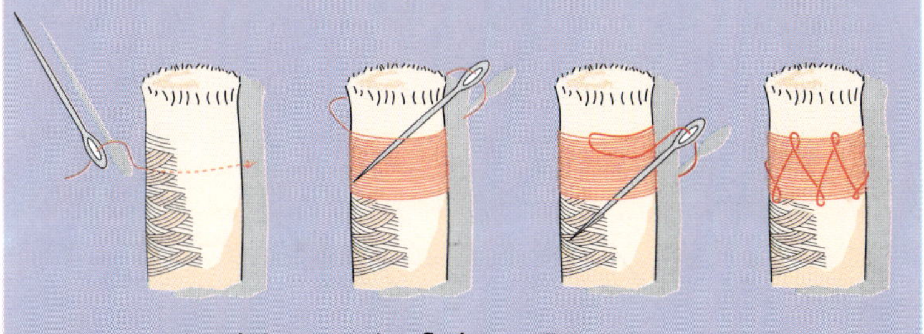

Hier arbeitet man mit geflochtenem Tau

Links: Kleiner Karabinerhaken für runde Zügel oder Doppellonge
Rechts: Kleiner Zügelhaken mit Wirbel für Lederzügel

Links: Panikhaken mit Drehverschluß
Rechts: Bullsnap

Die schnellen Stricke

Haken einknoten und spleißen

Flechten ist Ihnen zu aufwendig, aber andererseits finden Sie im Reitsportgeschäft keinen Strick in Ihrer Wunschlänge oder der richtigen Dicke? Dann besorgen Sie sich das Tauwerk doch einfach im Bootsbedarf und knoten den Panikhaken ein. Dazu bedienen Sie sich eines Palstek-Knotens wie das Foto S. 11 zeigt.

Falls Ihr Idealstrick aus »geschlagenem Tauwerk« besteht, also eine klare Struktur mehrerer miteinander verbundener Enden zu sehen ist, können Sie den Haken natürlich auch einspleißen. Darunter versteht man das fachgerechte und vor allem sichere Verbinden zweier Taue. Eine genaue Anweisung dazu finden Sie unter »Halfter für Könner« auf Seite 18.

Spleißen bietet sich auch an, wenn Sie mit einem hohl geflochtenen Baumwollseil arbeiten wollen. Dazu umwickeln Sie das Seilende zunächst mit Klebeband, so daß eine harte Spitze entsteht, mittels derer Sie die Seilstruktur wie mit einer Nadel durchstechen können. Damit arbeiten Sie dann wie die unteren Fotos zeigen.

Einkaufshilfe für Haken und Enden

Wie schon gesagt, erhält man viele Materialien für die Erstellung von Führstricken und Halftern in Geschäften für Segel- und Bootsbedarf. Haken verschiedener Art sind ebenfalls dort zu haben oder, wenn es sich um Spezialhaken für Zügel oder Anbinde-

Die Ausgangsposition

Den Strick einmal glatt durchstechen

Ein weiteres Mal in etwa 2 cm Abstand durchstehen

Strickende im Strickinneren verschwinden lassen

stricke handelt, im Reitsportfachgeschäft. Im Westernbedarf ist die Auswahl oft besonders groß. Auf Messen – sowohl Pferdemessen als auch Messen für Hobby und Freizeit – finden Sie außerdem Spezialstände von Firmen, die sich auf Stricke und Haken spezialisiert haben.

Um sich beim Einkaufen nicht in Fallstricken zu verfangen – und natürlich auch um unsere Arbeitsanweisungen besser verstehen zu können: hier noch ein kleines Lexikon der Fachausdrücke rund um Haken und Enden:

Ganz einfach, aber enorm haltbar: Der Palstek-Knoten

Ende – Ein Stück Tau, egal, wie lang es ist.

Tampen – Das Ende eines Endes.

Geschlagenes Tauwerk – Seil aus mehreren Strängen (Kardeelen).

Kardeel – Einer der Stränge, aus denen geschlagenes Tauwerk besteht.

Keepen – Die Kerben zwischen den Kardeelen.

Takelgarn – Gewachstes Baumwollgarn, das man zum sicheren Umwinden von Tampen verwendet.

Karabinerhaken mit Wirbel – Haken mit Drehgelenk, deren Verwendung das Verdrehen von Longen und leichten Zügeln verhindert.

Karabinerhaken ohne Wirbel – Haken ohne Drehgelenk, stellt eine eher starre Verbindung her. Bewährt sich zum Beispiel bei schweren, runden Zügeln.

Bullsnap – Großer, schwerer Karabinerhaken, beliebt bei Westernreitern. Kaum zerstörbar aber im Notfall nicht leicht zu öffnen. Sollte auf keinen Fall aus »Modegründen« statt Panikhaken verwendet werden.

Panikhaken – Haken, der sich von selbst löst oder sich blitzschnell vom Menschen lösen läßt, wenn ein Pferd erschrocken am Anbinder nach hinten zieht und zu fallen droht.

Der fertige Strick

Führleine in Häkeltechnik: Ein Ende nach dem anderen wird durch die Maschen gezogen ...

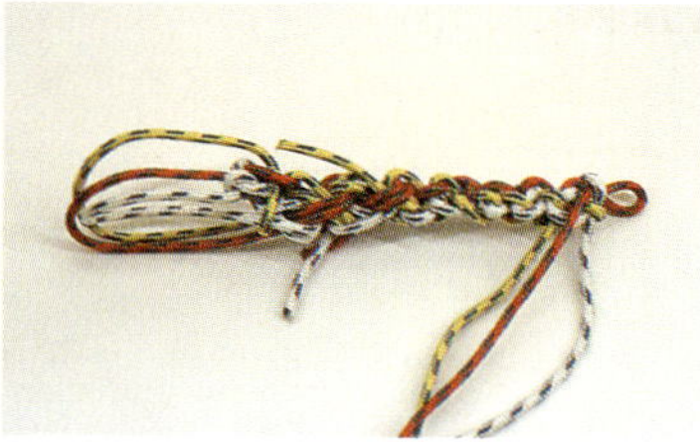

... wobei ein fester, runder Zopf entsteht

So wird der Panikhaken eingearbeitet

Der fertige Strick

Pferde sicher anbinden!

Anbinden ist für das Fluchttier »Pferd« immer ein Problem, denn die Fixierung mit Halfter und Strick raubt ihm die Chance, sich möglichen Gefahren durch die Flucht zu entziehen. Ein junges Pferd braucht Zeit, um sich an dieses Gefühl zu gewöhnen und sich auch an fremden Anbindeplätzen sicher zu fühlen. Das lernt es nicht, indem man es irgendwo festbindet und gegen den Strick kämpfen läßt! Junge und anbindescheue Pferde sollte man am Anfang nur kurz anbinden und am Anbinder nicht allein lassen. Statt dessen beschäftigt man sie, indem man sie putzt oder krault. Treten sie dabei zurück bis der Anbindestrick sich spannt, treibt man sie sanft wieder vor, bevor sie erschrecken. Auf diese Art lernen sie, auf den Druck des Halfters im Nacken mit Senken des Kopfes und Vortreten, statt mit panischem Hochreißen des Kopfes und Zurückzerren zu reagieren. Denken Sie auch immer daran, nur sichere Anbinder zu wählen! Ein freistehender Pferdehänger, eine Stange oder ein Balken, die sich lösen oder in Bewegung geraten können, sind gefährlich. Wichtig ist weiterhin die Länge des Anbindestricks. Er darf nicht so kurz sein, daß dem Pferd entspanntes Stehen und auch mal von einem Fuß auf den anderen treten unmöglich wird. Binden Sie das Pferd aber auch nicht zu lang an. Es darf nicht mit dem Huf über den Strick geraten, falls es ungeduldig scharrt.

▸ Führleine in Häkeltechnik

Robust und strukturschön ist auch dieser Strick in Häkelarbeit, den selbst Bastelanfänger leicht erstellen können. Der Panikhaken ist dabei fest eingearbeitet wie in gekauften Stricken, und die Leine liegt beim Führen und Handpferdereiten gut in der Hand. Aber Achtung: Anbinden sollten Sie Ihr Pferd daran nur, wenn es wirklich sicher steht. Zieht es nämlich am Anbinder, zieht sich der Strick eher fest als sich der Panikhaken öffnet, und dann verbringen Sie später Stunden mit dem »Aufhebeln« des Strickes!

▸ **Materialbedarf:**

Für einen 1,80 m langen Anbindestrick rechnet man 21,60 m Allzweckleine, 4 mm stark (3 Enden a 7,20 m)
Panikhaken, erhältlich im Reitsportgeschäft
Takelgarn zum Umwickeln der Tampen

Sicher angebunden

Um Material zum Einarbeiten des Panikhakens zu haben, lassen Sie die ersten 40 cm der Leinen zunächst unverhäkelt. Sie beginnen die Arbeit, indem Sie mit der ersten Schnur eine Ausgangsschlaufe wie beim normalen Häkeln bilden. Da hindurch stecken Sie eine mit der zweiten Schnur gebildete Schlaufe und ziehen dann die erste Schlaufe fest an. Genauso verfahren Sie mit dem dritten Ende. Nun wird wieder die erste Leine durchgezogen und so weiter. Auf diese Art entsteht eine Art runder Zopf. Es vereinfacht die Arbeit, wenn Sie das Werkstück während des »Häkelns« drehen.

Nach 15 bis 20 cm wird der so entstandene Strick durch den

▸ PROFI·TIP

▸ Stefanie Tücking

Die Tampen von Nylon oder anderen Kunststoffen können leicht gegen Aufriffeln gesichert werden, indem man sie mit einer Feuerzeugflamme verschmelzen läßt. Das ist besonders wichtig, wenn sie zum Beispiel nach dem Verhäkeln oder Verknoten zur Anbringung von Haken sehr kurz abgeschnittten werden.

Ring des Panikhakens gezogen. Um ihn dauerhaft zu befestigen, brauchen Sie jetzt die vorher freigelassenen 40 cm Leinen. Sie arbeiten sie mit ein, indem Sie jeweils ein Ende der laufenden Arbeit und eines der vorher freigelassenen zusammen verhäkeln. Die schließlich herausragenden Endstücke werden abgeschnitten und mit einer Feuerzeugflamme verschmolzen.

Dann arbeiten Sie den Strick bis zur gewünschten Länge weiter und umwickeln die Enden mit Takelgarn.

Die Stricklänge können Sie ganz nach Wunsch gestalten

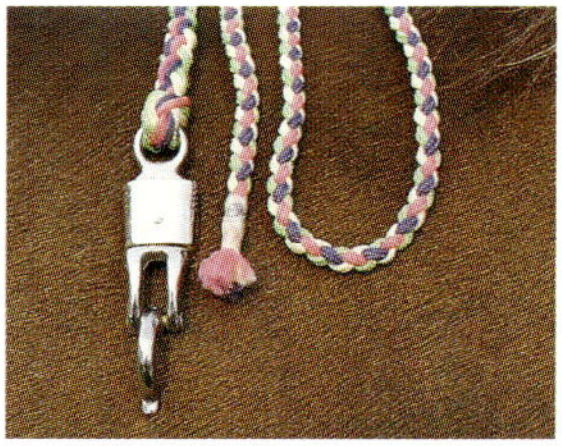

Vierfarbige Stricke heben sich gut von dunklem Fell ab

▸ Balancezügel für die TTEAM-Arbeit

Im Rahmen der TTEAM-Arbeit nach Linda Tellington-Jones wird gelegentlich ein Balancezügel in Kombination mit der normalen Zäumung eingesetzt. Das Band um den Hals wird wie ein Kandarenzügel mitgeführt und verhilft dem Pferd zu mehr Körperbewußtsein, besserer Haltung und leichterer Reaktion auf die Zügelhilfen. Es empfiehlt sich bei schwierigen Pferden, die z. B. auf zu starke Zügeleinwirkung mit Steigen reagieren oder Pferden, die dazu neigen, sich auf den Zügel zu legen. Balancezügel lassen sich aus einem Stück Allzweckleine von ca. 4 m – 4,50 m Länge und ca. 1 cm Umfang leicht häkeln. Lassen Sie zunächst etwa 50 cm frei, um die Zügellänge später individuell auf Ihr Pferd einstellen zu können. Dann fertigen Sie einen einfachen Häkelzopf aus 32 Luftmaschen

Diese Zügellänge ist richtig

an, wobei Sie die Maschen aber nicht festziehen, sondern nur locker verbinden. Achten sie aber – schon aus optischen Gründen – auf gleichmäßig große Maschen. Die letzte Masche ziehen Sie fest und sollten nun wieder etwa 50 cm frei haben. Die freien Enden verbinden Sie dann mit einem einfachen Knoten. Der Zügel soll so lang sein, daß er locker um den Hals Ihres Pferdes liegt wie das Foto auf S. 14 zeigt.

Pferde richtig führen

Viele Reiter halten es für selbstverständlich, daß ein Pferd artig neben ihnen herläuft, sobald sie es am Führstrick halten. Das ist aber nicht so: In freier Wildbahn gehen Pferde lieber hintereinander. Korrektes Führen muß deshalb systematisch erlernt werden, und zumindest am Anfang brauchen Sie dazu eine lange Dressurgerte, um das Pferd je nach Bedarf treiben oder verhalten zu können. Nehmen Sie den Strick nun zuerst recht kurz, etwa 20 cm unter dem Pferdekinn mit der rechten Hand auf. Die Gerte fassen Sie mit der linken Hand etwa zwei Handbreit unter dem Knauf. Geben Sie nun ein Kommando wie »Los!« und setzen Sie das Pferd durch leichtes Anticken des Hinterschenkels mit der Gerte in Bewegung. Ein kurzes Zupfen am Strick gibt zusätzliche Vorwärtstendenz. Ziehen Sie aber nie am Führstrick! Auf Druck reagiert das Pferd unweigerlich mit Gegendruck. Wird das Pferd zu schnell, so verhalten Sie es durch leichtes Zupfen am Halfter. Außerdem schieben Sie Ihren linken Arm mit der Gerte in Richtung Pferdenase und bremsen es auf diese Art. Wenn Sie einige Male nach dieser Methode arbeiten, dürfte Ihr Pferd gelernt haben, ruhig am lockeren Führstrick neben Ihnen zu gehen. Mitunter ersparen ein paar solcher Arbeitssequenzen jahrelangen Ärger. Achten Sie allerdings auch im Umgang mit braven Pferden immer darauf, sich den Führstrick auf keinen Fall um die Hand zu schlingen! Wenn das Pferd sich erschreckt und durchgeht, müssen Sie den Strick loslassen können.

Die richtige Führposition

Schnellhalfter rasch geflochten

Kostenlos aus Strohbändchen oder poppig bunt aus farbigen Allzweckleinen – dieses leichte Halfter wird in einfachster Flechttechnik gearbeitet. Als immer verfügbares Schnellhalfter bewährt es sich bestens, wenn ein Pferd auf die Weide gebracht oder dem Tierarzt vorgeführt werden muß. Zum Anbinden ist es allerdings nicht geeignet, denn Führstrick und Halfter sind hier aus einem Stück. Gerät das Pferd in Panik und zerrt am Anbinder, so kann es sich verletzen.

So werden neue Strohbändchen eingefügt

Materialbedarf:

Ca. 15 m Allzweckleine aus dem Geschäft für Boots- und Segelbedarf oder Strohbändchen aus Sisalschnur, 3 Enden à 5 Meter

Takelgarn zum Umwickeln der Tampen

Dieses Halfter wird in einem Stück geflochten, wobei Sie die Flechtarbeit am Genickteil beginnen. Um das später mit dem Nasenstück verbinden zu können, legen Sie allerdings erst 20 cm Leine still. Dazu werden sie durch ein Gummiband von der restlichen Leine abgetrennt. Auch nachdem Sie das Genickteil (A-G-B) geflochten haben (Längenangaben siehe unten), fixieren Sie die Flechtarbeit durch ein Gummiband und lassen dann weitere 20 cm Schnurlänge frei. Jetzt können Sie die Enden abschneiden und die Arbeit stillegen, während Sie das Nasenteil vorbereiten.

Zum Kinn-Teil werden nun Nasen- und Genickteili miteinander verflochten, wie die Fotos zeigen. Dazu werden die langen Leinen an den entsprechenden Stellen (A und B, Größenangaben siehe unten) mit den vorher freigelassenen Enden des Genickstücks gemeinsam verarbeitet. Achtung: Das Nasenstück darf nicht verdreht sein, bevor Sie zu flechten beginnen!

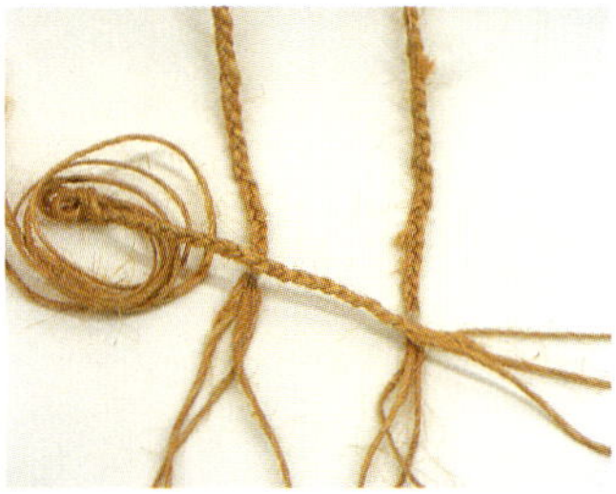

Zunächst werden Genick- und Nasenteil geflochten ...

... und anschließend miteinander verbunden

Flechten Sie nun das Kinnteil ...

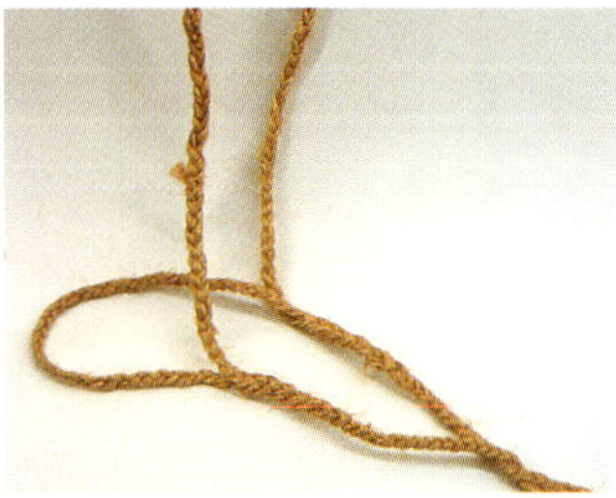

... schließen es und arbeiten den Führstrick

Wenn auch der zweite Teil des Kinnstücks fertig ist, werden die beiden Teile verbunden, und damit sind Sie auch schon bei der Arbeit am Führstrick, zu dem die restlichen Leinen verflochten werden. Damit der Führstrick nicht zu dick wird, ist es gut, wenn die Verflechtung von Genick- und Nasenstück vorher schon beendet wurde.

Zum Schluß umwickeln Sie das Strickende mit Takelgarn, um die Flechtarbeit zu fixieren – und schon kann Ihr Pferd oder Pony zur Anprobe kommen!

Größenangaben in cm:

	A-G-B	A-N-B	A-C/B-C
Pony 1	85	26	14
Pony 2	94	31	16
Vollblut	108	33–34	16–17
Warmblut	117	37	17

▸ **Materialbedarf:**
Flechten: Angegebene Länge + 2/3 der angegebenen Länge (Längenverlust durch Flechten) + 20 cm je Seite zum Einflechten in ein anderes Stück.
Spleißen: Angegebene Länge + 1,5 cm (Längenverlust durch Spleißen) für jeden Spleißvorgang + 10 cm je Seite zum Einspleißen in ein anderes Stück.

Achtung: Beim Spleißen kommt es nicht am verspleißten Stück zum Längenverlust, sondern an dem Stück, in das es hineingespleißt wird! Nehmen Sie sich vor dem Zuschneiden genug Zeit, sich vorzustellen, wie die Teile später zusammengesetzt werden, besonders wenn Sie mit teuren Materialien arbeiten.

Schnellhalfter am Pferd: Aus Sisal-Strohbändern, Kunststoffstrohbändern und bunter Allzweckleine

Verbindung von Genick- und Nasenteil ...

... bzw. der beiden Kinnteile...

... durch Spleißen

Gespleißtes Halfter für Könner

Wenn Sie dieses Halfter in Spleißtechnik nacharbeiten wollen, brauchen Sie schon etwas Übung. Meist dauert es ein bißchen, bis man »den Bogen raus« hat, aber dann ist Spleißen eine unschätzbare Hilfe bei vielen Bastelarbeiten und Reparaturen rund ums Pferd. In Bezug auf Aussehen und Verwendungszweck gleicht dieses Halftermodell übrigens dem vorigen, hat aber den Vorteil, daß die Einarbeitung eines verstellbaren Genickteils möglich ist. Sie können damit also z. B. mehrere Pferde mit unterschiedlichen Kopfgrößen nacheinander von der Weide holen.

Materialbedarf:

Ca. 4 m geschlagenes Tauwerk
Takelgarn zum Umwinden der Tampen
kräftige Sticknadel

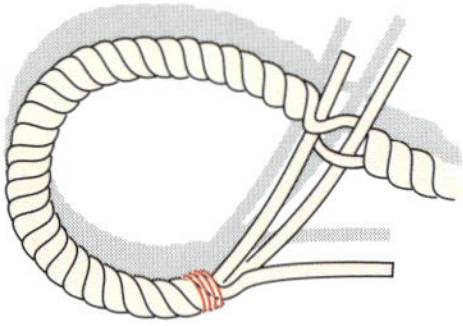

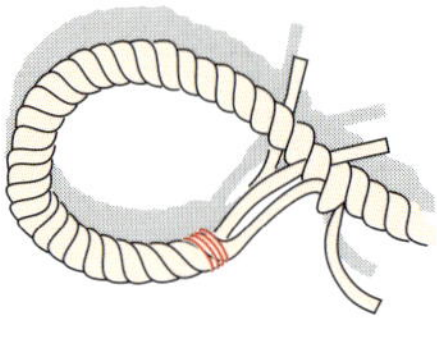

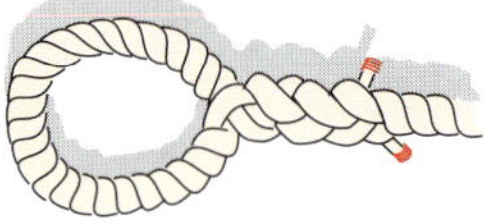

Das Genickstück besteht bei diesem Halfter aus zwei Teilen, da links eine Verstellmöglichkeit eingearbeitet wird. Das erste der Teile ist ca. 100 bis 120 cm lang (bei sehr großen Pferden etwas länger, bei Ponys kürzer). Das zweite mißt 50 cm. In das kürzere Ende wird nun eine Schlaufe eingespleißt. Später wird das Halfter mit ihrer Hilfe verschlossen.

Wie Sie bereits dem »Kleinen Lexikon« (S. 11) entnommen haben, besteht geschlagenes Tauwerk aus mehreren zusammengefaßten Enden, die man »Kardeele« nennt. Zum Spleißen der Schlaufe lösen sie das Tau nun ca. 15 cm weit in seine Kardeele auf und sichern es mit einem provisorischen Bändchen gegen weiteres Aufriffeln. Aus der festen Leine formen Sie dann eine Schlaufe wie die Fotos zeigen. Den Bildern können Sie auch entnehmen, wie Sie die offenen Kardeelen jetzt mit dem festen Teil verbinden.

Dazu stecken Sie das erste offene Kardeel unter eins der Kardeele des festen Seils. Anschließend wird das zweite offene Kardeel in gleicher Richtung unter das nächste feste Kardeel gesteckt. Nun drehen Sie die Arbeit um und führen das dritte lose Kardeel bogenförmig unter dem letzten, noch unbenutzten festen Kardeel durch.

Alle drei Kardeele werden gut festgezogen. Dann nehmen Sie das Sicherheitsbändchen ab und wiederholen die Steckarbeit noch mindestens zwei bis drei Male. Schließlich werden die Tampen abgeschnitten. Das Nackenteil kann dann mit einem Knoten (siehe Foto) verschlossen werden.

Schnellhalfter einfarbig am Pferd

So wird das Halfter verschlossen / Einspleißen der Schlaufe

Dieses Halfter wird garantiert nicht verwechselt

So stickt man Perlen auf

Das restliche Seil wird zu Nasenstück, Kinnstück und Führstrick verarbeitet. Die Nackenstücke werden angespleißt wie die Zeichnungen zeigen. Zuletzt verbinden Sie die Kinnstücke durch Spleißen zum Führstrick und sichern den Tampen wie immer mit Hilfe von Takelgarn.

▸ Gekaufte Stallhalfter verschönern

Die meisten Stallhalfter sind stabil und zweckmäßig – aber leider sehen sie alle gleich aus und werden leicht verwechselt, wenn man sich nicht auf unterschiedliche Farben für jedes Pferd einigen kann. Zum Glück ist es ganz einfach, gekaufte Stallhalfter individuell zu gestalten. Sie können sie zum Beispiel mit dem Namen Ihres Pferdes versehen, indem Sie sie bunt besticken. Die Leinenstruktur der gebräuchlichen Nylonhalfter macht die Einhaltung eines Musters unproblematisch. Sie können mit Kreuzstich, Kettstich oder Plattstich arbeiten.

Sehr festes Material läßt sich dabei leichter durchstechen, wenn Sie eine sogenannte Ledernadel mit geschliffener Spitze verwenden. Eine solche ist auch für andere Näharbeiten rund ums Pferd sinnvoll, z. B. wenn Sie eine Doppellonge reparieren müssen oder selbst herstellen wollen.

Beim Besticken eines Halfters gibt es auch einen hübschen Effekt, wenn Sie ein einfaches Muster auf dem Nasenriemen des Halfters anbringen und eins

Perlen setzen Akzente

der Backenstücke mit dem Namen des Pferdes versehen. Wie die Fotos zeigen, können Sie natürlich auch Perlen und Pailletten aufsticken: Einfach Nadel von unten einstechen, Perlen auf den Faden ziehen, durchstechen und auf der Unterseite des Halfters vernähen. Ein solcher »Orient-Look« steht besonders Arabern und verwandten Rassen!

- **Materialbedarf:**
  Handelsübliches Nylonstallhalfter
  buntes Stickgarn, Sticknadel, evt. Ledernadel
  evt. Perlen, Pailletten

Halfter mit Namensschriftzug

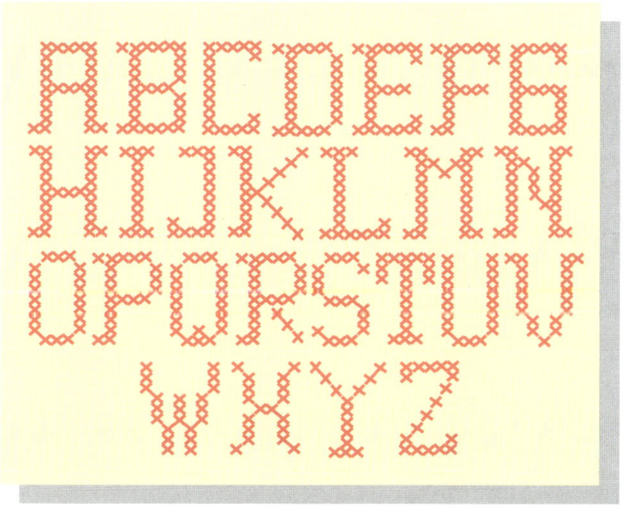

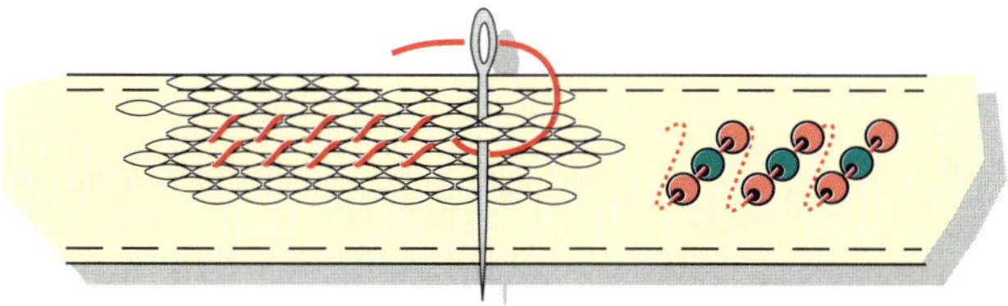

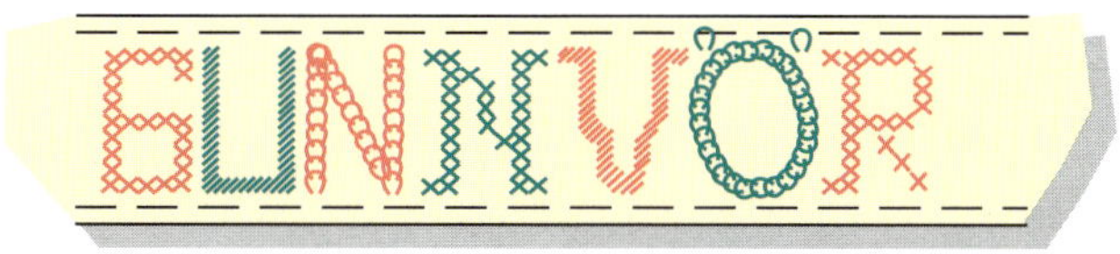

Longen aus Rolladengurt

Wer mit der Nähmaschine umgehen kann, hat diese Longe aus Rolladengurt in wenigen Minuten hergestellt. Sie steht gekauften Longen in bezug auf Haltbarkeit und Belastbarkeit nicht nach, liegt aber nicht ganz so gut und flexibel in der Hand wie eine Qualitätslonge.

Materialbedarf:

8,5 m Rolladengurt
Karabinerhaken, idealerweise mit »Wirbel« (drehbar). Im Westernbedarf werden solche Teile auch als »Zügelhaken« verkauft. Ösenbreite 25 mm.
Garn für die Nähmaschine (z. B. Knopflochseide)
Idealerweise Jeansnadel, einfache Nadeln brechen leicht ab

Eine handelsübliche Longe ist 8 m lang. Auch Ihre selbstgemachte kommt etwa auf diese Länge, wenn die Schlaufe eingearbeitet und der Karabinerhaken angebracht sind.

Zum Anbringen des Hakens schieben Sie die Leine etwa 15 cm weit durch die Öse, legen sie übereinander und vernähen sie mit der Nähmaschine in kleinen Zick-Zack-Stichen.

Das andere Ende der Longe wird zur Schlaufe gelegt (etwa 30 cm), wobei die unteren 10 bis 15 cm vernäht werden. Die Schlaufe selbst soll schließlich etwa 20 cm groß sein.

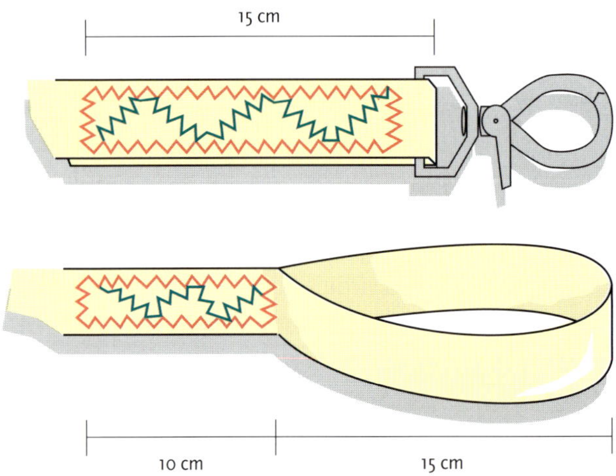

Lange Stricke für viele Zwecke

Fahren vom Boden – ein junges Pferd lernt damit schon vor dem Anreiten, sich von hinten lenken zu lassen. Im Rahmen der TTEAM-Methode wird dazu keine Doppellonge eingesetzt, sondern einfach vier Meter lange, runde Leinen, die sich leicht durch einen Longiergurt fädeln lassen und gut in der Hand liegen. Sie empfehlen sich insofern auch als Verladehilfe bei unwilligen Pferden. Aus zwei je vier Meter lan-

Pferd an der Longe sicher ausgebunden

gen, geflochtenen Leinen aus dem Bootsbedarf und zwei robusten Karabinerhaken lassen sich diese Vielzweck-Hilfsmittel leicht erstellen. Am besten verwenden Sie dazu einen Palstek-Knoten wie auf Seite 11 erklärt.

Gummiausbinder – Schnell geknotet

Handelsübliche Ausbinder sind meist mit einem Gummiring versehen, der ein gewisses Nachgeben ermöglicht, wenn das Pferd in Dehnungshaltung kommt und sich an den Zügel heranstreckt. Allerdings muß es schon einiges an Kraft einsetzen, um diesen Effekt wirklich auszunutzen. Schnellere Rückmeldung und einen von den Pferden meist sehr geschätzten »Kaugummieffekt« bieten selbstgemachte Gummiausbinder. Sie benötigen dazu zwei 150 m lange Enden Gummiband aus dem Segelbedarf. Es hat etwa 8 mm Durchmesser und gibt leicht nach, wenn Sie daran ziehen.

Longieren – Eine Kunst!

Longieren gilt in fast jeder Reitweise als unverzichtbarer Bestandteil der Jungpferdeausbildung, und tatsächlich bereitet gekonntes Longieren das junge Pferd sinnvoll aufs Anreiten vor. Dazu genügt es aber nicht, es einfach stundenlang im Kreis um den Ausbilder herumlaufen zu lassen. Eine solche Longenarbeit ist langweilig und obendrein schädlich, denn das ständige im Kreis gehen auf kleinen Zirkeln belastet den Bewegungsapparat einseitig. Auch als Abwechslung zum Reiten ist diese konventionelle Form des Longierens nicht sehr geeignet, da sich ein erwachsenes Pferd erst recht dabei langweilt. Wer also regelmäßige Longenarbeit plant, sollte sich über abwechslungsreiche Lektionen an der Longe kundig machen. So können z. B. Handwechsel auf Stimmhilfe hin eingeübt werden, Anhalten und Rückwärtsrichten, Longieren über Cavaletti und kleine Sprünge. Die sinnvollste Vorbereitung auf das Anreiten bietet aber ohnehin die Arbeit an der Doppellonge. Hier wird das Pferd wie beim Reiten abwechselnd gerade gestellt und gebogen, es bewegt sich auf der gesamten Fläche des Reitplatzes und kann auch schon versammelt und zu ersten Seitengängen hin geführt werden.

Wer so ernsthaft Longenarbeit betreiben will, kommt allerdings nicht um die Anschaffung eines Kappzaums und eines hochwertigen Longiergurtes herum. Beim Kauf des letzteren gilt die Faustregel: Je mehr Ringe, desto besser. Kappzäume wurden speziell für alle klassischen Formen der Bodenarbeit (Doppellonge, Arbeit am Langen Zügel) entwickelt und sind dazu unübertroffen. Es handelt sich dabei um ein stabiles Kopfstück, das einen metallenen Nasenriemen sehr sicher an seinem Platz hält. Das Metall ist dick abgepolstert, so daß es die Nase des Pferdes nicht verletzen kann.

Hier arbeiten Sie mittels Palstek-Knoten (siehe S. 11) Karabinerhaken ein. Versehen Sie die Gummis dann mit mehreren Knoten, um verschiedene Längen gleichmäßig einstellen zu können. Bei der Arbeit klinken Sie die Karabinerhaken in die Trensenringe und befestigen das andere Ende durch Knoten am Longiergurt oder an den Ringen des Sattels. Wer nicht jedesmal knoten, sondern professioneller arbeiten möchte, kann auch mehrere kleine und leichte Karabinerhaken in die Ausbinder einknüpfen und dann jeweils am Gurt bzw. Sattel anklinken.

Zum Einschnallen von Longe und/oder Hilfszügeln sind stabile Metallösen am Nasenteil angebracht. Beim einfachen Longieren klinkt man die Longe in den Ring auf dem Nasenrücken des Pferdes. Zusätzlich enthält der Kappzaum die Möglichkeit, eine Trense einzuschnallen. Man kann das Pferd also zum Beispiel am Nasenteil longieren und Ausbinder in die Trensenringe schnallen. Longieren an der einfachen Longe verfolgt an sich keinen weiteren Zweck, als das Pferd locker in Dehnungshaltung vorwärts gehen zu lassen und es damit an eine gesunde Arbeitshaltung unter dem Reiter heranzuführen. Dazu werden häufig verschiedene Hilfszügel verwendet, wobei man am häufigsten zum Ausbinder greift. Für ein junges Pferd ist die Arbeit an dem relativ starren Ausbinder aber schwierig, denn der Zügel gibt nicht nach, wenn es sich heranstreckt, sondern begrenzt seine Bewegungsfreiheit stark. Besser sind aus diesem Grund bewegliche Hilfszügelkonstruktionen. Gogue und Halsverlängerer zum Beispiel oder auch die auf Seite 23 beschriebenen, selbstgemachten Gummiausbinder geben dem Pferd eine Tendenz nach unten, ohne es allzu sehr einzuengen. An der Longe ist auch ein lang verschnallter Schlaufzügel vertretbar, denn auch hier kann sich das Pferd an das Gebiß herantasten und dann damit spielen. Wichtig: Das Pferd muß die Möglichkeit haben, verschiedene Haltungen auszuprobieren und sich schließlich selbst für die richtige zu entscheiden.

Longieren mit Doppellonge setzt einige Übung voraus

Doppellonge aus Rolladengurt oder Einfachlonge

In vielen Ställen liegen alte Longen herum, oft mit kaputten Karabinerhaken oder aus anderen Gründen ungenutzt. Mit dieser Arbeitsanleitung ist es einfach, sie in eine brauchbare Doppellonge umzufunktionieren.

Aber natürlich läßt sich dieses sinnvolle Arbeitsmittel zur Gymnastizierung des jungen Pferdes oder zur abwechslungsreichen Arbeit mit dem erwachsenen Dressurpferd auch aus Rolladenband herstellen.

► **Material:**

Eine ausgediente, einfache Longe, in der Regel etwa 8 m lang (oder Rolladengurt bzw. festes Gewebeband aus dem Kurzwarenladen. In diesem Fall wählen Sie eine Länge von 14 Metern).

Feste Mehrzweckleine aus dem Segelbedarf, ca. 8 mm Durchmesser: Sie benötigen 2 x 4 m bei der Umarbeitung der alten Longe, bzw. 2 x 1,5 m zur Erstellung der Longe aus Rolladenband

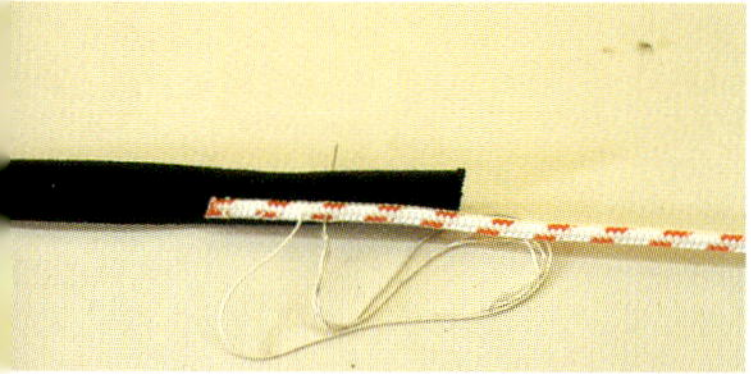

Zunächst wird die Allzweckleine auf die Gurtlonge gelegt und einmal längs vernäht

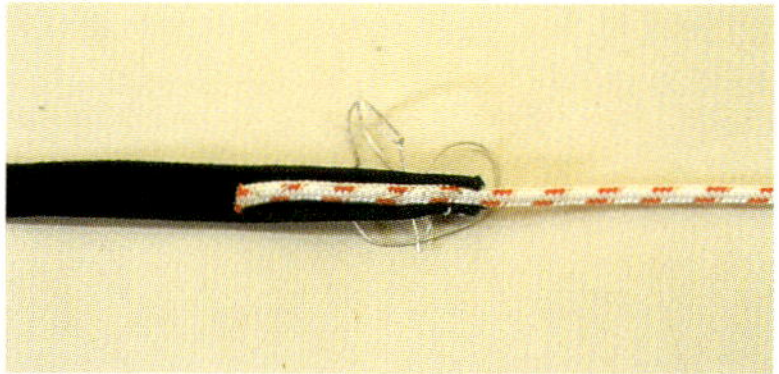

Wickeln Sie dann das Gurtmaterial um die Leine und vernähen quer.

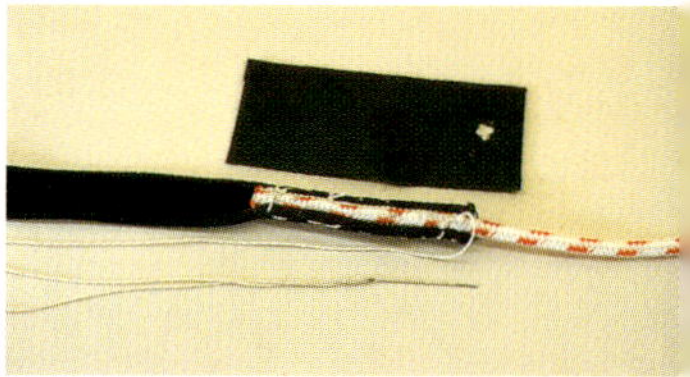

So wird das Loch am Lederrechteck angebracht

2 – 4 Rechtecke dünnes Leder, ca. 6 x 12 cm.

2 Karabinerhaken mit Wirbel, Ösenbreite höchstens 2,5 cm, möglichst enger

Festes Baumwollgarn (Takelgarn) zum Nähen

Ledernadel

Eine Doppellonge unterscheidet sich von der einfachen Longe einmal dadurch, daß auf jeder Seite ein Karabinerhaken zum Einklinken in Trense oder Longiergurt angebracht ist und nicht nur auf einer. Es muß sich um relativ kleine und schmale Haken handeln, damit die Möglichkeit besteht, sie problemlos durch die Ringe des Longiergurts zu fädeln.

Außerdem muß die Longe im Trensenring bzw. im Ring des Longiergurtes gut »laufen«, denn nur so wird flexible Hilfengebung in verschiedenen Arbeitsverschnallungen möglich. Aus diesem Grund sind klassische Doppellongen an den Enden jeweils mit 1,5 m – 2 m dünner, runder Leine versehen. Nur das Mittelstück besteht aus dem üblichen Gurtmaterial.

Schneiden Sie nun zunächst die Allzweckleine zu und lösen Sie eventuell bestehende Schlaufen, Hakenbefestigungen usw.

aus der alten Longe. Dann legen Sie die Allzweckleine am ersten Ende ca. 10 cm überlappend auf die Longe. Nähen Sie einmal längs durch, um die Leine in der Mitte des Gurtmaterials zu fixieren. Dann legen Sie die Longe um die Leine und vernähen noch einmal quer, wie das Foto zeigt. Leder funktioniert das nicht mit einer Nähmaschine. Sie müssen mit der Ledernadel von Hand nähen und sich dabei ziemlich anstrengen! Versehen Sie nun zum Versäubern der Nahtstelle das erste Lederrechteck mit einem Loch wie das Foto zeigt. Sie können dazu eine Lochzange verwenden.

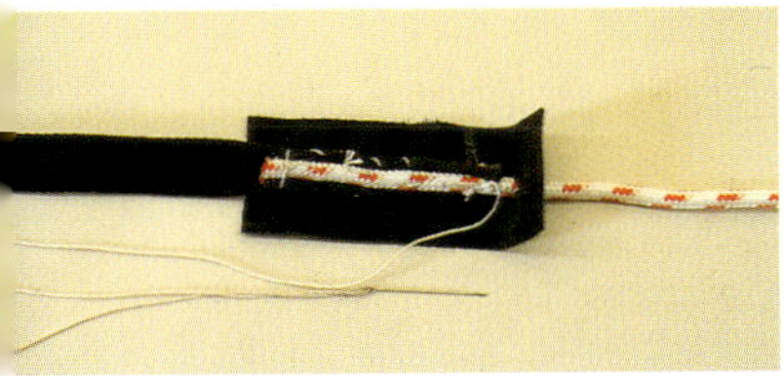

Aufziehen des Lederrechtecks

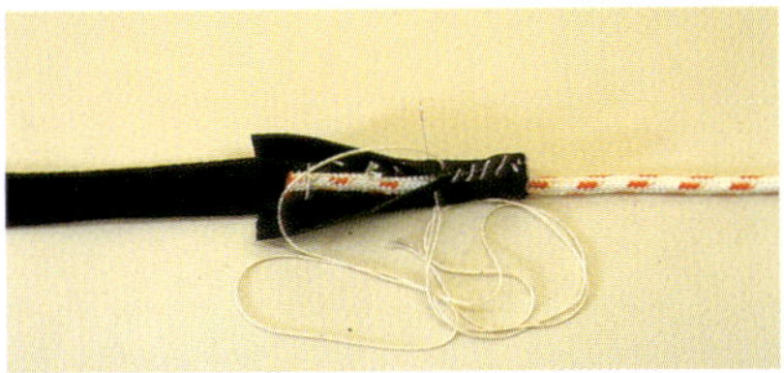

So wird die Nahtstelle mit Hilfe des Lederrechtecks versäubert

Der Durchmesser des Loches soll dem der Leine gerade so entsprechen. Ziehen Sie das Lederstück danach auf die Allzweckleine, klappen es um und vernähen es wie das Foto zeigt. Zum Schluß wird es auf der Longenseite fixiert. Wiederholen Sie diese Arbeit am anderen Ende der Longe.

Nun werden die Haken eingearbeitet. Die Technik dazu wurde auf Seite 9 beim Thema »Takeln« bereits erklärt. Wenn Sie möchten, können Sie auch diese Nahtstelle mit einem Lederrechteck versäubern, dringend notwendig ist das aber nicht. Achten Sie aber unbedingt darauf, Haken zu verwenden, die durch die Ringe Ihres Longiergurtes passen! Sollten diese so klein sein, daß hier gar nichts geht, arbeiten Sie einfach eine Schlaufe ein und ziehen dann jeweils einen sehr einfachen Karabinerhaken auf, nachdem die Leinen durch die Ringe gezogen wurden. Das ist allerdings eine sehr primitive Technik und schon deshalb nicht ideal, da die Haken keine Wirbel haben. Eine Doppellonge verdreht sich aber leider noch schneller als eine einfache, so daß fehlende Wirbel unangenehm auffallen. Außerdem gehen zwei Karabinerhaken, die irgendwo im Stall griffbereit hängen oder liegen sollen, garantiert schnell verloren …

PROFI·TIP

Stefanie Tücking

In der gleichen Häkeltechnik wie der Putzhandschuh läßt sich natürlich auch ein sogenanntes »Kaktustuch« arbeiten. Schlagen Sie dazu 20 Luftmaschen an und häkeln acht Stäbchen hoch. Das Kaktustuch ist beim Massieren von Pferdebeinen praktischer als der Handschuh, da man hier mit beiden Händen kräftig rubbeln kann.

Putz- und Massagehandschuh

Diesen praktischen Putzhandschuh mögen besonders sensible Pferde, denen das übliche Putzzeug oft zu hart ist. Man kann ihn leicht selbst häkeln – entweder aus Sisalband aus dem Bastelbedarf oder einfach aus Strohbändchen. Im ersteren Fall ist die Häkelei leichter, im zweiten Fall entfallen die Materialkosten. Außerdem bieten die Strohbändchen eine etwas rauhere Struktur, was den »Rubbeleffekt« beim Putzen vergrößert.

Gründlich Putzen – gesund oder schädlich?

In alten Zeiten machten sich Kavalleriestallmeister oft einen Spaß daraus, die Putzleistungen ihrer Stallburschen mit einem weißen Handschuh nachzuprüften. Blieb nach dem Streicheln über das Fell ein Stäubchen am Handschuh, konnte der Stallbursche von vorn anfangen. Aus medizinischer Sicht ist ein so gründliches Putzen allerdings unsinnig bis schädlich, denn etwas Staub im Pferdefell wirkt isolierend und hilft dem Pferd, warm zu bleiben. Außerdem zerstört man durch derart gründliches Striegeln den natürlichen Hautschutz und macht das Pferd auf die Dauer überempfindlich gegen alle Berührungen. Moderne Reiter kommen aber ohnehin nicht auf den Gedanken, ihr Pferd in dieser Hinsicht überzustrapazieren. Im Gegenteil, so mancher nimmt es mit der Fellreinigung nicht so genau und beruft sich dann genau auf die eben genannten Erkenntnisse zum gründlichen Striegeln. Gerade bei Robustpferden im Winterfell ist es aber kaum möglich, beim Striegeln per Hand zu viel Staub und Fett aus dem Fell zu entfernen. Dafür ist es nötig, das Fell vor dem Auflegen des Sattels zu glätten und von Verklebungen zu befreien, da es sonst leicht zu Druckstellen kommt. Gründliches Striegeln vor dem Reiten ist aber auch aus »sozialen Gründen« empfehlenswert. Da die meisten Pferde sich gern massieren lassen, bietet das Putzen für Pferd und Reiter einen angenehmen Einstieg in die gemeinsame Arbeit. Für Stallpferde ersetzt es die soziale Fellpflege, die sie sonst mit Artgenossen betreiben. Kräftiges Striegeln und Bürsten fördert zudem die Durchblutung beim Pferd und regt auch den Kreislauf des Reiters vor der Reitstunde an. Insofern sollte auf keinen Fall auf die Putzstunde vor dem Reiten verzichtet werden.

Rauh aber herzlich: Striegeln mit dem Putzhandschuh

- **Materialbedarf:**
  Ca. 20 Strohbändchen (oder Sisalschnur aus dem Bastelbedarf)
  Häkelhaken der Stärke 5 – 6

Wenn Sie Strohbändchen verwenden, schlagen Sie zunächst 25 (bei kleinen Händen genügen auch 20) Luftmaschen an. Die Maschenanzahl ist deshalb so groß, weil der Handschuh in einem Stück gehäkelt wird. Danach werden 6 Reihen Stäbchen gerade hochgehäkelt.

20 Maschen anschlagen und in Stäbchen hochhäkeln

Bevor sie zusammengenäht wird, sollte die Arbeit ca. 35 cm breit und ca. 24 cm lang sein. Sie wird dann in der Mitte gefaltet und an zwei Seiten zusammengehäkelt. Dabei wird der Handschuh gleichzeitig mit festen Maschen eingefaßt.

Aber Achtung: Diese Arbeitsanweisung klingt leichter als sie ist, denn beim Häkeln taucht schnell das Problem auf, daß die Strohbändchen sehr unterschiedlich in Stärke und Struktur sind. Zudem reicht ein Strohband jeweils für höchstens sechs Stäbchen, so daß ständig der Faden gewechselt werden muß. Das Verhäkeln der neuen Fäden und die Verschiedenheit der Bändchen verstärken aber noch die rauhe Struktur des Handschuhs – man muß das also positiv sehen! Außerdem verbindet sich die Sisalschnur schnell zu einem festen Geflecht, wenn sie durch das Häkeln aufgerauht wird. Kompliziertes Vernähen der Bandenden ist also nicht nötig. Nach Beendigung der Arbeit zieht man sie einfach nach innen.

Witzig: Putztaschen aus alten Jeans

Falls Sie gekaufte Sisalschnur verwenden, richten Sie die Anzahl der aufgenommenen Maschen am besten nach der Größe des Handschuhs (35 x 24 cm vor dem Zusammennähen). Hier können Sie natürlich auch einen Daumen ausarbeiten, wenn Sie Lust haben.

Putztasche aus Jeans

Eine witzige Idee für Ordnung beim Putzen und Farbe im Stall ist diese Putztasche aus einer ausgedienten Jeans oder einem Jeansrock. Die Taschen der Jeans bilden dabei praktische Unterbringungsmöglichkeiten für Kleinigkeiten wie Hufkratzer oder Mähnenkamm. Dazu ist die Tasche leicht und kann beim Putzen rasch über die Schulter gehängt werden.

Als Halteriemen kann dabei ein alter Anbindestrick neue Verwendung finden.

Material:

Eine alte Jeans oder Jeansrock
Alter Anbindestrick oder weiches Gurtband aus dem Kurzwarenladen als Tragriemen
Jeansnadeln für die Nähmaschine

Praktisch: Die Putztasche im Einsatz

Schneiden Sie zunächst die Hosenbeine ab, sofern Sie eine Jeanshose verwenden. Ob Sie direkt unterhalb des Hosenbodens schneiden oder eine witzige »Zwei-Fächer-Hose« schaffen, indem Sie ein Teil der Beine dranlassen, können Sie ganz nach Laune entscheiden. Schützen Sie die Schnittstellen durch Versäubern mit Zickzackstich gegen ein Aufrifeln. Beim Jeansrock fällt diese Arbeit natürlich weg, da der Saum

Was gehört in die Putztasche?

Insbesondere in Reitställen, in denen die Pferde nicht in Gruppenhaltung stehen, sollte jedes Pferd sein eigenes Putzzeug haben. Damit verhindert man, daß eventuelle Hautpilze oder Milben von einem Tier zum anderen übertragen werden. Bei Pferden in Gruppenhaltung ist das nicht gar so wichtig, da die Tiere sich sowieso ständig kraulen und berühren. Da Gruppenhaltung aber meist artgerechte Haltung in Offenställen und auf Weiden bedeutet, sind die Pferde abgehärteter und neigen seltener zu Hautkrankheiten.
Was in die individuelle Putztasche gehört, ist von Pferd zu Pferd verschieden. Klar, jedes Pferd benötigt einen Hufkratzer und zwei Schwämme, einen für den After und einen für den Gesichtsbereich. Ob man aber einen Eisenstriegel verwendet, einen weichen Gummi- oder Finnenstriegel vorzieht oder gar nur ein Kaktustuch bzw. einen entsprechenden Putzhandschuh einsetzt, hängt sehr von der Empfindsamkeit des Pferdes ab. Auch die Wahl der Kardätsche oder Bürste sollte sich daran orientieren: Sensible Pferde mit kurzem, seidigem Fell sind dankbar für eine weiche Bürste, langhaarige Ponys im Winterfell ziehen die Behandlung mit einer Wurzelbürste eindeutig vor. Für die Mähnenpflege wird man gewöhnlich zum Mähnenkamm greifen, aber beim langmähnigen Pony mit hartem Langhaar können auch eine Wurzelbürste oder ein Finnenstriegel angebracht sein.
Und noch ein Tip: Wenn Sie eine Putztasche mit Seitenfächern verwenden wie etwa unsere Jeanstasche, lohnt es sich, eine Tube Wundsalbe oder eine Dose Desinfektionsspray griffbereit einzustecken. Dann brauchen Sie nicht erst in der Stallapotheke zu suchen, wenn Sie beim Putzen kleine Verletzungen feststellen.

So wird der Tragriemen eingespleißt

hier ja schon versäubert ist. Es kann hier einen netten Effekt geben, wenn Sie die Tasche nicht von links zusammennähen, sondern auf dem Stoff nähen und einen Schlitz im Rock als Gag stehen lassen. Als Trageriemen verwenden Sie entweder einen alten Führstrick, den Sie einfach durch die seitlichen Gürtelschlaufen der Jeans ziehen. Dann verspleißen Sie ihn wie das Foto auf dieser Seite zeigt. Falls kein alter Strick zur Hand ist, verwenden Sie Gurtband, das Sie von innen mit Zickzackstich annähen.

Alternative mit Gurtband als Tragriemen

Rund ums Reiten

Lederreste, Lederbändchen, überflüssige Ausrüstungsgegenstände wie alte Reithalfter – all das läßt sich leicht zu praktischen Kopfstücken und hübschen Stirnbändern verarbeiten oder umwandeln, wenn man nur weiß, wie man's macht. Dabei ist gerade die Verarbeitung von Lederriemen halb so schwierig: Die meisten Kopfstücke und Zügel, die wir hier vorstellen, können mit Hilfe eines Messers, einer Lochzange und Nadel und Faden erstellt werden. Zum Teil zeigen wir Ihnen auch Ausrüstungsgegenstände, dic Sic in Dcutschland gar nicht oder nur in wenigen Spezialgeschäften kaufen können, wie etwa Isländische Reithandschuhe, und wir bieten originelle Lösungen an wie etwa die Sicherheitsausrüstung zum Reiten in der Dunkelheit.

Zum Thema »Sicherheit« hier jedoch noch ein Hinweis: Gerade beim Selbermachen der Reitausrüstung sollte mit besonderer Umsicht vorgegangen werden! Verarbeiten Sie die Materialien immer sehr sorgfältig, damit sich nicht etwa plötzlich ein Zügel löst, und binden Sie die Pferde auf keinen Fall an leichten Einohrkopfstücken und dünnen Lederzügeln an!

Bequem und elegant – Zaumzeug und mehr

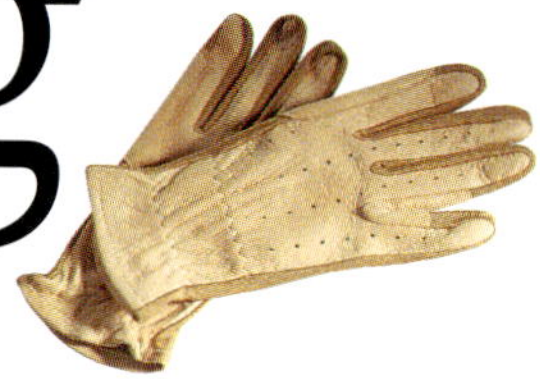

▸ Westernzügel

Diese offenen Westernzügel werden am Ende durch einen formschönen Knoten beschwert. Sie liegen gut in der Hand und sehen obendrein hübsch aus. Der völlige Verzicht auf Schnallen oder Schiffchen zum Schließen macht ihren besonderen Reiz aus. Die Zügel sind besonders für die Basisarbeit des jungen Pferdes an der Trense geeignet.

▸ **Material:**

3,20 – 3,50 m 16 mm starkes Tauwerk aus dem Segelbedarf
2 x 24 cm, 2 x 12 cm Lederenden 3 mm dick (z. B. aus einer alten Schweißleine. Die üblichen Latigolederreste aus dem

Manche mögen's bunt ...

Welcher Zügel für welchen Zweck?

Zügel müssen grundsätzlich aus Materialien bestehen, die gut und griffig in der Hand liegen. Je nach Einsatz bevorzugt man dicke oder ganz dünne Zügel, glatte Lederzügel oder Zügel aus Materialien mit mehr Struktur wie Leinen oder Flechtwerk, die auch bei Regen und mit Handschuhen geführt nicht glitschig werden. Junge Westernpferde werden mit relativ dicken Zügeln auf Trense gearbeitet oder man reitet sie mit Bosal und Mecate ein – einem »stacheligen« Zügel aus Pferdehaar, der Zügeleinwirkungen am Hals (Neckreining) besonders deutlich wirken läßt. Beim Dressurpferd oder weit geförderten Freizeit- oder Westernpferd bevorzugt man dünne Lederzügel. Wird das Pferd ständig mit Anlehnung geritten und sollen auch kleinste Handbewegungen leicht verständlich im Pferdemaul ankommen, ist es nicht sinnvoll, Zügel und Kopfstück durch Karabinerhaken zu verbinden. Beim am langen oder nur leicht anstehenden Zügel gerittenen Freizeit- oder Westernpferd ist der Zügelhaken dagegen nicht nur unproblematisch sondern obendrein nützlich, um leichte Zügel etwas zu beschweren. Etwas Gewicht ist besonders dann wichtig, wenn das Pferd auf Stange geritten wird, denn hier soll schon ein »Klingeln« am sonst fast durchhängenden Zügel eine Reaktion des Pferdes auslösen.

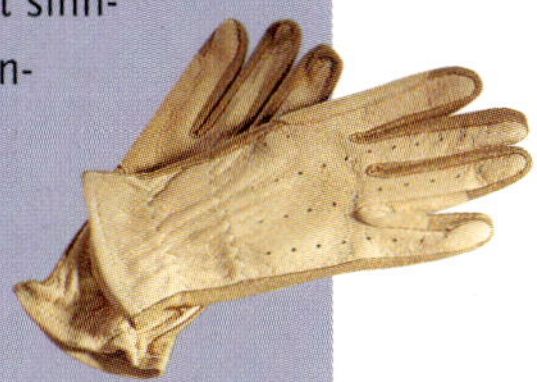

Westernbedarf sind zu dünn!)
Starkes Baumwollgarn (Takelgarn)
Ledernadel
Lochzange
Ca. 30 cm Lederriemchen zum Schließen, ca. 2 mm stark

Versehen Sie die Lederenden zunächst mit Löchern wie Fotos und Zeichnung zeigen und runden Sie die Enden mit Hilfe eines Messers oder eines Seitenschneiders etwas an. Beim Lochen ist es wichtig, daß die später zum Schließen mit Lederriemchen verbundenen Löcher sich genau überlappen. Sofern Sie über eine hochwertige Lochzange verfügen, legen Sie die Lederenden dazu am besten übereinander und stanzen die Löcher in einem.

Verschweißen Sie nun mit einem Feuerzeug die Enden des Tauwerks und vernähen Sie Tauwerk und Lederenden. Da man

PROFI·TIP

Stefanie Tücking

Mögen Sie bunte Zügel? Dann empfiehlt sich eine Herstellung in Flechtarbeit. Sowohl der einfache Dreierzopf als auch der beim Thema »Ohrteile« vorgestellte Fünferzopf lassen sich problemlos mit Schiffchen versehen! Achten Sie hier aber darauf, die Tampen durch Takeln oder Verschweißen zu sichern, ohne daß die Enden zu dick werden. Sonst passen sie nämlich nicht mehr durch die Schiffchen!

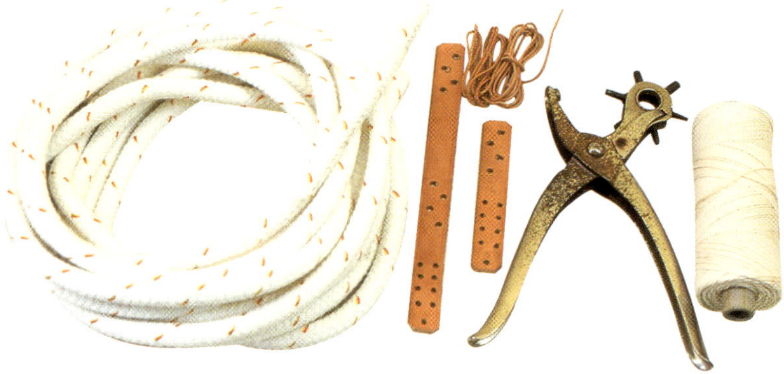

Arbeitsmaterialien

die Naht bei der fertigen Arbeit gut sieht, achten Sie dabei auf ein hübsches Muster – Sie müssen dabei nicht das gleiche verwenden wie auf dem Foto. Der Phantasie sind keine Grenzen gesetzt, sofern Sie das Tauwerk nur beim Nähen möglichst häufig und auch überkreuz durchstechen. Zwar liegt beim guten Reiten später nicht allzu viel Druck auf der Naht, aber es wäre doch lästig, wenn sie sich bei längerem Gebrauch löst oder ausfranst. Aus diesem Grund ist auch die Wahl des Nähgarns besonders wichtig. Wir empfehlen Takelgarn, da hier Haltbarkeit und auch eine gewisse Resistenz gegen schnelles Verschmutzen gewährleistet ist.

Der Zügel kann nun durch den Trensenring gezogen und da befestigt werden, indem man die Lederenden mittels dünner Lederbändchen verbindet. Achten Sie darauf, daß die glatte Lederseite dem Pferd zugewandt ist.

An der anderen Seite des Zügels wird ein sogenannter Wurfknoten geknüpft, um die herabhängenden, offenen Zügelenden

Anordnung der Lederenden am Tauwerk

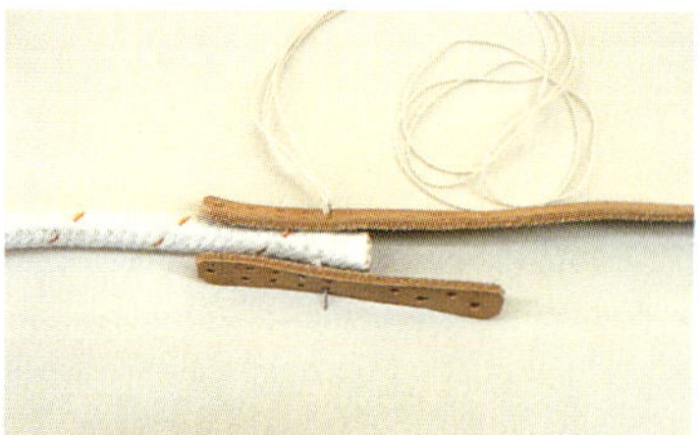

So wird mit dem Nähen begonnen

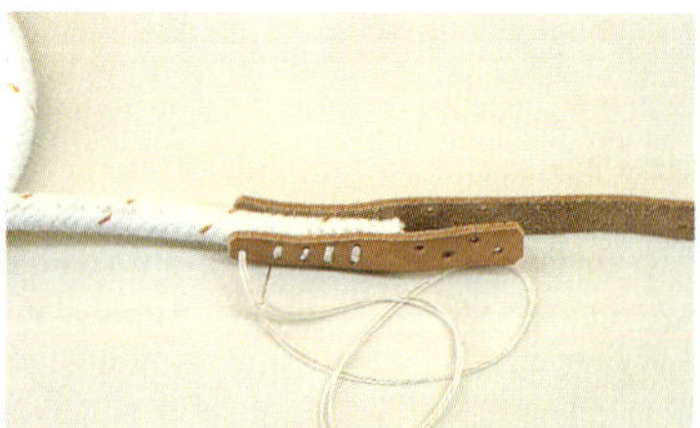

Stiche fortsetzen und sauber vernähen

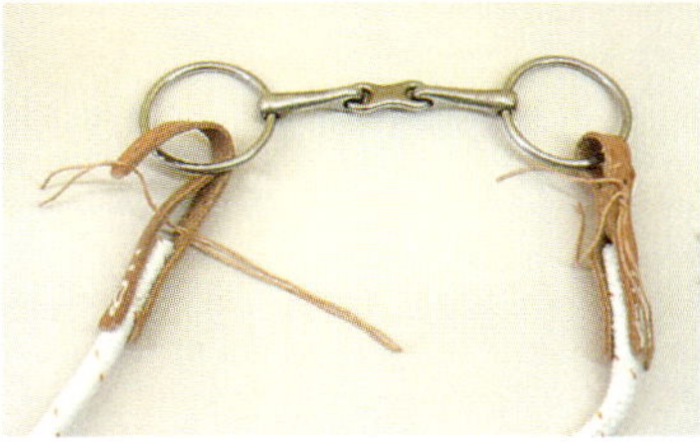

Mit Lederriemchen ...

... wird die Schlaufe geschlossen

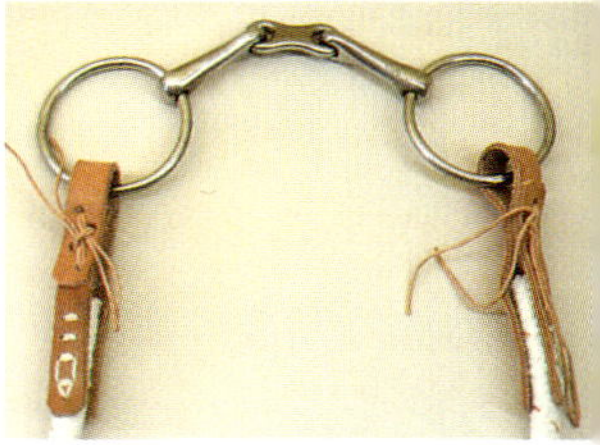

Fertig verschlossene Zügel

zu beschweren. Dazu legen Sie das Seil in Form einer Acht, wie das Foto zeigt, wickeln das Ende drei bis viermal (Je nachdem, wie schwer Sie den Knoten wünschen) um die Schlinge und ziehen es dann hindurch. Zuletzt wird der Knoten festgezogen.

Der zweite Zügel wird ebenso gefertigt.

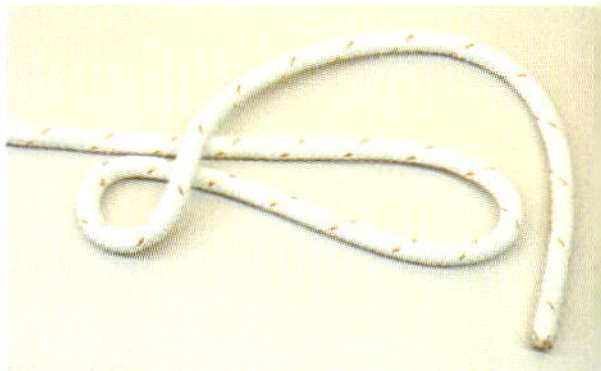

Legen Sie das Tauwerk in Form einer Acht

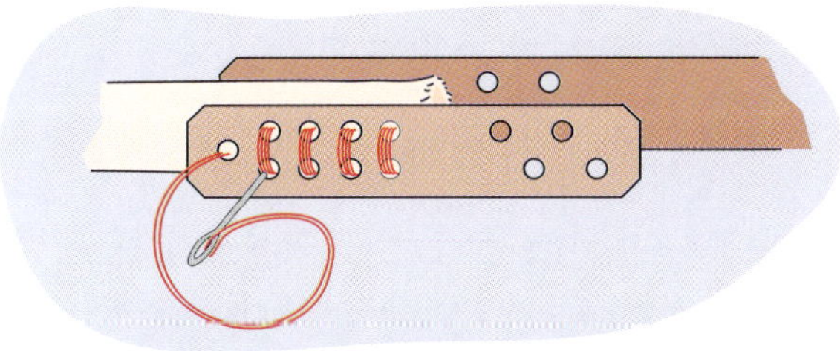

Hier kann man gut die Anordnung der Löcher in den Lederenden erkennen

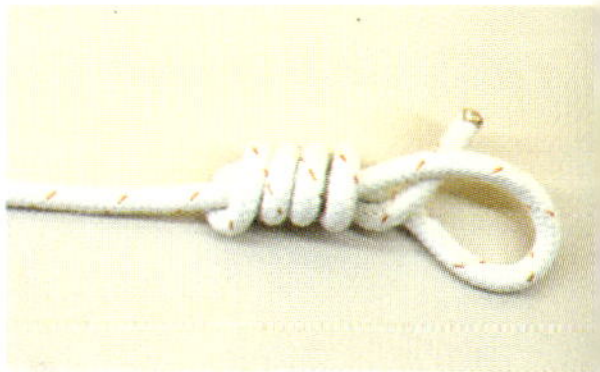

Das Ende wird drei bis viermal um die Schlinge gewickelt

Und festgezogen

Der fertige Zügel am Pferd

Kinnriemen oder Kette richtig verschnallt

Bei einem einfachen Kinnriemen zur Sicherung der Trense gegen Verrutschen können Sie die Länge ungefähr bestimmen, indem Sie etwa vier cm zur Länge der Maulbreite (Trensenlänge ohne Ringe) hinzuzählen. Die Länge einer Kinnkette, bzw. ein Lederkinnriemen, der mit einer Stangenzäumung kombiniert wird, muß so gewählt werden, daß sich Kette oder Riemen ans Pferdekinn legen, sobald die unteren Anzüge einen 45 Grad-Winkel zur Maulspalte bilden. Das ist bei leichtem Annehmen der Zügel der Fall. Es ist sehr wichtig, daß Kinnkette oder Riemen ganz korrekt verschnallt sind. Eine zu lange Verschnallung macht die Zäumung wirkungslos, eine zu kurze läßt sie unangenehm für das Pferd werden.

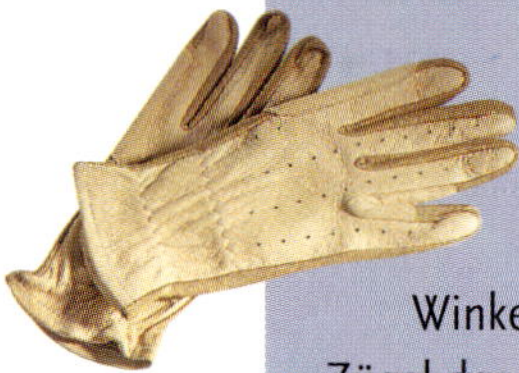

Kinnriemchen für die Westerntrense

Im Westernbereich wird in der Regel ohne Reithalfter gearbeitet. Insofern kann es leicht passieren, daß bei einem etwas zu starken, einseitigen Annehmen des Zügels der Ring durchs Maul gezogen wird. Um das zu verhindern, verwenden Westernreiter keine Gummischeiben, sondern ein Kinnriemchen. Mittels einer ähnlichen Technik wie der zur Erstellung der Westernzügel haben Sie ein solches in wenigen Minuten hergestellt.

Kinnschutz und Kette am Pferdekinn

- **Material:**

Lederriemen, z. B. aus einem Restepaket aus dem Westernbedarf oder aus einer alten Hundeleine. Ein Stück etwa so lang

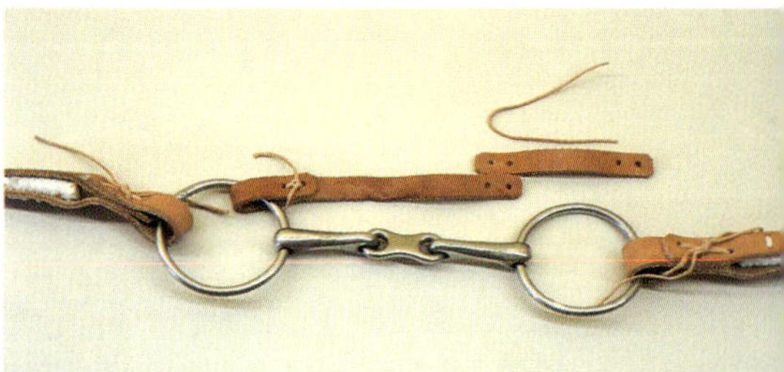

So wird der Kinnriemen befestigt

wie die Trense, zwei Seitenstücke jeweils 6 – 7 cm lang
Dünne Lederriemchen zum Schließen

Versehen Sie die Seitenstücke und das Mittelstück mit sich überlappenden Löchern. Auch hier ist das wieder am einfachsten, wenn Sie die Lederstücke dazu übereinanderlegen und die Löcher in einem mit der Lochzange stanzen. Klappt das nicht, so müssen sie vorher auf dem Leder angezeichnet werden.

Nun legen Sie das Ganze um die Trensenringe und schließen das Kinnriemchen mittels Lederriemchen. Auch hier soll der Knoten auf der vom Pferdekinn abgewandten Seite sitzen.

Natürlich können Sie ein solches Kinnriemchen auch anstelle einer Kinnkette am Stangengebiß verwenden. Da dieses Modell allerdings keine Verstellmöglichkeiten bietet, muß es in diesem Fall sehr genau zugeschnitten werden und kann nur bei einem Pferd Verwendung finden.

Fertige Abpolsterung für die Kinnkette

Abpolsterung für die Kinnkette

Zur Kandare, zur Pelham oder zu Westernzäumungen gehört eine Kinnkette. Möchte man die Zäumung etwas weicher gestalten, kann sie teilweise durch ein Lederriemchen ersetzt werden. Bei vielen Zäumungen ist das aber nicht möglich oder nicht sinnvoll. Dann kann man die Kette etwas entschärfen, indem man sie mit einer Polsterung versieht. Handelsüblich sind relativ teure Modelle aus Leder und preiswerte, aber oft nicht besonders hautverträgliche aus Kunststoff. Eine Alternative dazu bietet eine selbst gefertigte Version aus Moosgummi oder dickem Filz.

- **Materialbedarf:**
  Ein Streifen dickes Moosgummi oder Filz, Stärke etwa 3 mm
  Schere, Seitenschneider oder scharfes Messer

Schneiden Sie zunächst einen ca. 15 x 4 cm großen Streifen aus. Bei großen Pferden kann es sinnvoll sein, ihn etwas länger zu wählen. Falls Sie mit Filz- bzw. Moosgummiresten arbeiten, die nicht so dick sind, schneiden Sie zwei Streifen aus und kleben sie übereinander. Schneiden Sie die Seiten nun spitz zulaufend aus und bringen Sie an den angegebenen Stellen mit dem Messer oder dem Seitenschneider Schlitze an. Ziehen Sie die Kinnkette dann durch die Schlitze.

Zügel mit Karabinerhaken

Zügel mit Karabinerhaken

Praktisch im Alltag des Freizeitreiters, der bei jedem Wetter mit meist eher losem Zügel im Gelände reiten will, sind auch diese dicken, griffigen Zügel mit Karabinerhaken.

Das Material entspricht dem des offenen Westernzügels, aber die Zügel sind geschlossen und lassen sich mit den Haken schnell an unterschiedliche Zäumungen anklinken.

Materialbedarf:

Mindestens 2,80 m geflochtenes Seil, Mindestdurchmesser 10 mm. Um Ihre bevorzugte Zügellänge zu erhalten, messen Sie einfach Ihren Lieblingszügel aus und rechnen auf jeder Seite 10 cm hinzu.

2 Karabinerhaken (nicht zu leicht – 8 cm lange mit Drehgelenk haben sich bewährt)

Takelgarn zum Umwickeln der Tampen

Ledernadel

Zunächst werden beide Tampen des Seils mit Takelgarn umwickelt und damit gegen Auffriffeln gesichert. Dann ziehen Sie die Enden durch die Karabinerhaken, legen etwa 10 cm Seil zur Schlaufe und nähen sie mit Takelgarn gut fest. Anschließend umwickeln Sie beide Enden über eine Länge von etwa 3 cm fest mit Takelgarn, das dann nach der Zeichnung vernäht wird.

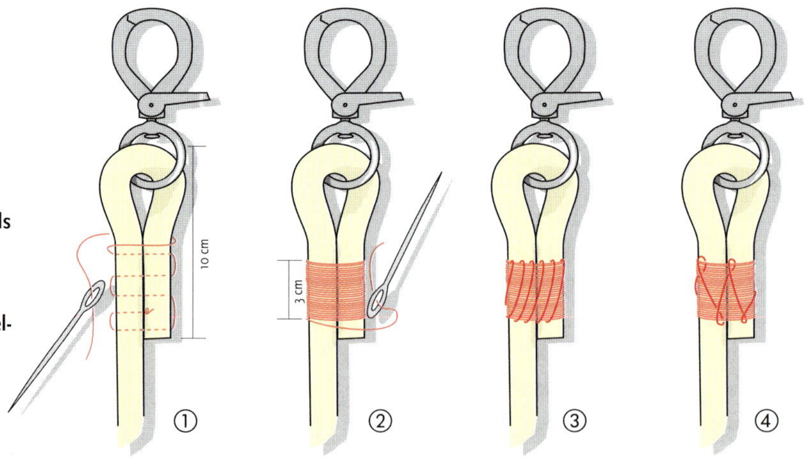

a Festnähen des Seils
b Umwickeln mit Takelgarn
c Vernähen des Takelgarns
d Auch so kann vernäht werden

▸ Zügel aus Schweißleinen

Viele Reiter weit ausgebildeter Kleinpferde oder hochblütiger und eleganter Großpferde wünschen sich extradünne Zügel und Kopfstücke, welche die Schönheit ihrer Pferde voll zur Wirkung bringen. Im Reitsportgeschäft werden sie dabei aber höchstens im Bereich der Kandarenzügel fündig, und die sind meistens im oberen Preisbereich angesiedelt. Wesentlich preiswerter sind die hier vorgestellten Zügel aus einer Hundeleine aus dem Jagdbedarf. Bei normal großen Pferden fallen bei einer 5 m langen Schweißleine zwei Zügel und zudem noch ein leichtes Einohrkopfstück ab.

▸ **Materialbedarf:**

1/2 Schweißleine (Spezialleine für Jagdhunde, in Geschäften für Jagdbedarf in verschiedenen Stärken erhältlich)
2 Schiffchen aus dem Westernbedarf
Messer oder Seitenschneider
Lochzange

Schweißleinen sind an beiden Enden mit Schnallen versehen, die aber leider gegengleich angebracht sind. Deshalb läßt sich nur eine davon ohne kompliziertere Sattlerarbeiten verbasteln. Am besten bewahren Sie sich diese Schnalle für das Backenstück eines größenverstellbaren Einohrkopfstücks auf. Ihre Zügel fertigen Sie aus dem Leinenstück, das nach Anfertigung des Kopfstücks übrigbleibt. Gewöhnlich reicht es für zwei Paar Zügel.

Trennen Sie mit dem Messer oder Seitenschneider ca. 3 m Leine ab, wenn Sie einen geschlossenen Zügel wünschen. Für einen offenen Westernzügel brauchen Sie zwei Teile à 2 m. Die Enden werden nun mit Schiffchen versehen. Dazu stanzen Sie im Abstand von 1 cm und 9 cm vom Leinenanfang Löcher ein. Falls Sie offene Zügel wünschen, sollten Sie die jeweils anderen Enden noch spitz zuschneiden. Das sieht gefälliger aus. Im Westernbedarf verkauft man zur Verschönerung dieser Enden silberne Zierspitzen, die sich mit einer Zange sehr leicht anbringen lassen. Sie geben diesem edlen Zügel den letzten Schick!

Dünn und edel: Kopfstück und Zügel aus einer Schweißleine

PROFI·TIP

Stefanie Tücking

Beim Kopfstück aus Lederresten ohne Verstellmöglichkeit am Nackenstück beeinträchtigt das Annieten oder Anknoten eines Stirnbandes die Nutzungsmöglichkeiten nicht. Achten Sie bei der Gestaltung des Stirnriemens aber darauf, einen nicht allzu weichen Riemen zu erzeugen. Stirnbänder brauchen eine gewisse Steife, sonst hängen sie durch. Häkeln oder Flechten empfiehlt sich hier also nicht.

Hannoversches Reithalfter

Das Nasenteil wird abgelöst

Ohrteile und Stirnbänder

Einohrzaum selbst gemacht

Solch ein edler Einohrzaum entsteht aus einem ausgedienten Hannoverschen Reithalfter. Diese veralteten, da atembeengend wirkenden, Sperrhalfter werden heute nur noch von wenigen Reitern eingesetzt. Trotzdem finden sie sich noch in vielen Ställen, denn zum Teil sind Trensenkopfstücke, die man kauft oder auf einem Turnier gewinnt, damit versehen. Mit Hilfe der folgenden Arbeitsanweisung können Sie diese überflüssigen Teile leicht zu dünnen und eleganten Kopfstücken umfunktionieren. Als Alternative bietet sich auch die Verwendung von Lederresten zur Erstellung der Zäumung an.

Materialbedarf:

Ein Hannoversches Sperrhalfter oder Lederreste aus dem Westernbedarf
Zwei bis drei Schiffchen aus dem Westernbedarf
Messer, Nagelschere oder Rasierklinge zum Schneiden des Leders
Lochzange

Falls Sie ein Hannoversches Halfter verwenden, lösen Sie zunächst das Nackenstück, das aus zwei durch eine Schnalle verbundenen Teilen besteht, vorsichtig aus den Ringen des Nasenteils. Dazu verwenden Sie am besten eine Nagelschere oder eine Rasierklinge. Bitte achten Sie darauf, das Leder beim Abtrennen nicht zu beschädigen, und entfernen Sie die Garnreste sorgfältig. Nun werden im Abstand von etwa 8 cm zwei Löcher für das

Fertig! Zum perfekten Einohrzaum fehlt nun nur noch ein Ohrteil

Schiffchen eingestanzt. Der Idealabstand des ersten Loches vom Lederende ist 1 cm, aber wenn das Reithalfter aus eher schlechtem und dünnem Leder besteht, ist es besser, ihn etwas größer zu wählen. Das Schiffchen wird nun angebracht wie das Foto zeigt, und schon ist das Nackenstück betriebsfertig! Es läßt sich mit Hilfe der Schnalle beliebig verstellen.

Arbeiten Sie mit Lederresten, und sie sind lang genug, so sollten Sie das Nackenstück in einem Stück belassen. Dazu müssen Sie den Pferdekopf allerdings genau ausmessen, denn große Verstellmöglichkeiten sind dann nicht mehr gegeben. Sie können den Zaum allerdings für verschiedene Mundstücke passend machen, indem Sie nicht nur zwei Löcher für das Schiffchen einstanzen, sondern zwei bis drei weitere oberhalb des zweiten. Der Abstand zwischen den zusätzlichen Löchern sollte 2 bis 3 cm betragen.

Reicht die Länge der Lederreste nicht für einen ganzen Nackenriemen aus, so können Sie auch zwei Riemen mit einem Schiffchen verbinden. Damit sind auch wieder größere Verstellmöglichkeiten gegeben. Die Lederstücke müssen sich aber mindestens 5 cm überlappen, damit der Zaum sich nicht löst, falls das Schiffchen doch einmal verrutschen sollte. In aller Regel bieten die aufeinanderliegenden Lederteile dann genug Halt, um das Kopfstück nicht gleich ganz zu verlieren. Meist rutscht nicht einmal das Gebiß nach unten.

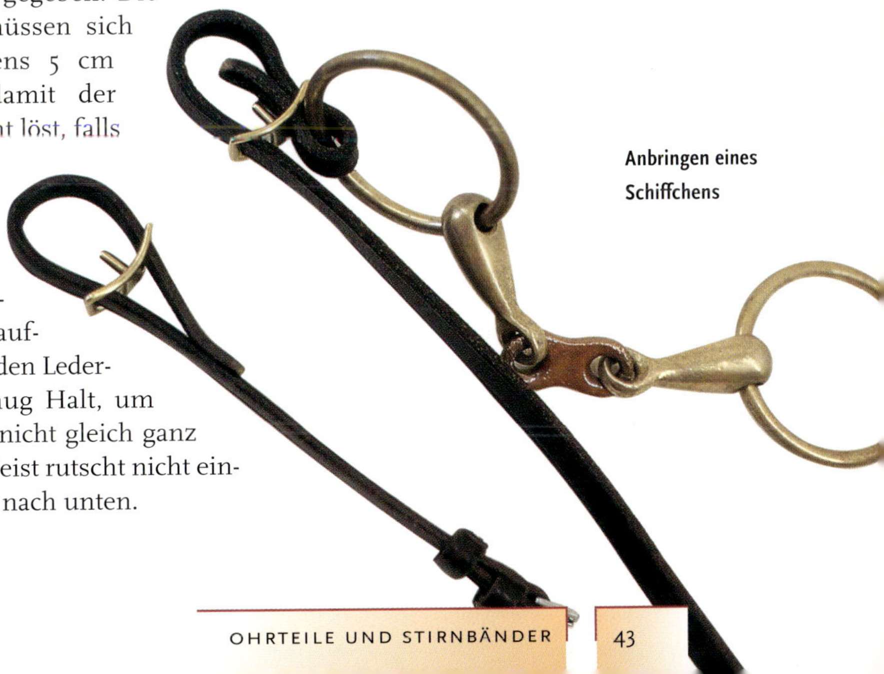

Anbringen eines Schiffchens

Einohrzaum aus einer Schweißleine

Bei der Erstellung von Zügeln aus einer Schweißleine, wie oben geschildert, bleibt reichlich Leder für einen extra-dünnen und edlen Einohrzaum übrig. Sie erhalten hier sogar ein Backenstück mit Schnalle, also ein verstellbares, sehr elegant wirkendes Kopfstück.

Aber Achtung: Beim Zerschneiden der Schweißleine kann es leicht zu irreparablen Fehlern kommen. Schauen Sie sich das nicht ganz billige Ausgangsmaterial also gut an, bevor Sie das Messer ansetzen.

Teuer aber edel: Einohrzaum mit Silber beschlagen

Wie schon in der Arbeitsanweisung zum Zügel erwähnt, ist die Schweißleine an jeder Seite mit einer Schnalle versehen. Für das Backenstück Ihres Kopfstücks verwenden Sie die auf der glatten Lederseite angebrachte Schnalle. Bei der Leine ermöglicht sie die Schaffung einer großen Schlaufe, wahrscheinlich als Halsband. Für uns ist diese Schlaufe allerdings nutzlos. Schneiden Sie das Lederende also etwa 3 cm vor der Schnalle ab. Die Schnalle soll das obere Ende des Backenstücks bilden.

Nun messen Sie die Gesamtlänge des Backenstücks ab. Für Großpferde braucht man etwa 33 cm, Kleinpferde kommen mit etwa 31 cm aus (messen Sie aber vorsichtshalber an Ihrem Pferd die individuell korrekte Länge ab oder orientieren Sie sich an einem passenden Einohrzaum, damit Sie kein wertvolles Leder verschenken). Anschließend

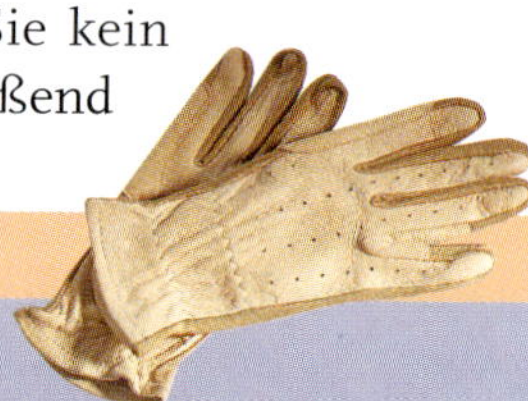

Einohrkopfstücke

Je weniger Leder ein Pferd am Kopf trägt, desto besser kommt seine natürliche Schönheit zum Ausdruck und desto wohler fühlt es sich. In der Western- und Freizeitreiterei haben sich deshalb Einohrkopfstücke bewährt, die lediglich aus einem Nackenstück und einem Riemchen um eins der Ohren bestehen. Viele Reiter verzichten auch ganz auf das Ohr-Riemchen, aber im allgemeinen tut es gute Dienste, um das Kopfstück und damit auch das Gebiß sicherer zu fixieren. Einohrkopfstücke können selbstverständlich auch mit englischen oder amerikanischen Reithalftern kombiniert werden. Man zieht dann zunächst das Reithalfter über und anschließend das Kopfstück.

Lange nicht so originell wie selbstgemacht: Show – Zäumungen von western gerittenen Pferden

werden für das zweite Teil des Kopfstücks etwa 1 m oder 90 cm Leine abgetrennt. Eines der Enden wird spitz zugeschnitten und mit zur Schnalle passenden Löchern versehen. Das andere wird, ebenso wie das des Backenteils, für das Einlegen der Schiffchen bereitgemacht, wie schon mehrmals beschrieben.

Dazu passen besonders schmale, edle Ohrteile, z. B. aus Lederbändchen in verschiedenen Farben geflochten.

Bei der Gestaltung von Ohrteilen sind der Phantasie keine Grenzen gesetzt. Da praktisch kein Druck auf den Bändern lastet, ist es ganz Ihren Wünschen überlassen, ob Sie lieber breite oder schmale, weiche oder stabilere Varianten wählen. So ist es z. B. möglich, ein Ohrteil aus Baumwollgarn zu häkeln. (Bei Häkelhaken Stärke 3 etwa 6 Stäbchen pro Reihe). Als Stirnband läßt sich ein so weiches Material dagegen nicht verwenden, da es unweigerlich durchhängen würde.

Besonders hübsch sind auch geflochtene Ohrteile aus dünnen Lederriemchen. Dazu können Sie zum Beispiel die Flechttechnik für den Anbindestrick von Seite 6 verwenden. Die im Fol-

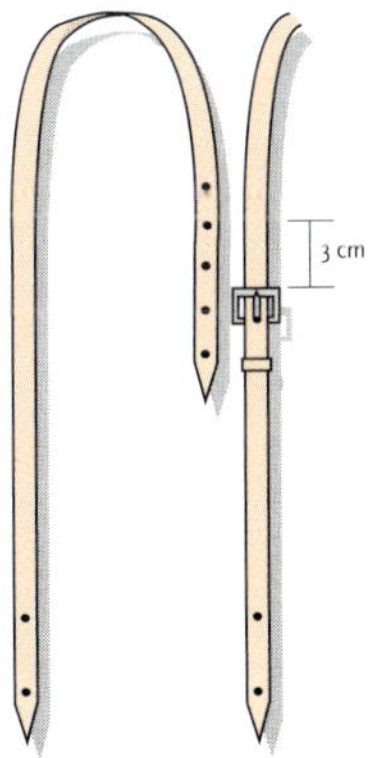

3 cm über der Schnalle wird die Leine abgeschnitten

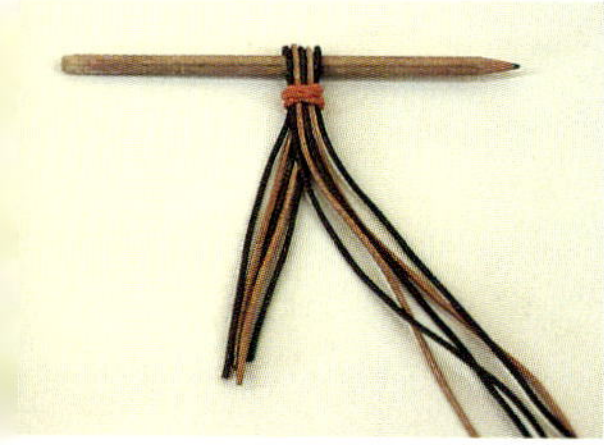

Legen Sie fünf Lederbändchen um einen Bleistift

So wird der Fünferzopf geflochten

Fixieren der Enden

genden erklärte, etwas kompliziertere Flechttechnik eignet sich auch für Stirnbänder. Insbesondere dann, wenn man etwas dickkere Lederbändchen wählt.

- **Materialbedarf:**
  5 ca. 50 cm lange Lederbändchen aus dem Bastelbedarf
  zwei Bleistifte (oder vergleichbar feste, runde Dinge, deren Durchmesser dem Leder des Zaumzeugs vergleichbar ist).

Legen Sie die Bändchen zunächst so über einen Bleistift, daß sie etwa 8 cm überstehen und fixieren alles mit einem Gummiband. Dabei sollten die Bändchen genau nach Farben geordnet werden, denn zur Schaffung der Schlaufe werden sie paarweise verflochten.

Beginnen Sie jetzt mit dem Flechten eines Fünferzopfes wie die oberen Fotos zeigen. Zunächst verarbeiten Sie solange jeweils zwei Schnüre gemeinsam, bis die überstehenden 8 cm verflochten sind. Dann geht es mit den einfachen Schnüren weiter. Gegen Ende der ca. 25 cm, die Sie für ein Einohrteil flechten müssen, bzw. der etwa 30 – 35 cm für ein Stirnband (Diese Angaben bitte vorher am Pferde- oder Ponykopf kontrollieren! Hochblütige und kleine Pferde kommen mit erheblich kürzeren Teilen aus) haben Sie zwei Möglichkeiten. Bei der ersten wird die zweite Schlaufe gleich eingearbeitet, was sich besonders bei Ohrteilen aus sehr dünnen Riemchen anbietet. In diesem Fall flechten Sie hier möglichst locker, denn gleich werden die Schnüre zur Schaffung der zweiten Schlaufe eingefügt. Nach Erreichen der gewünschten Länge binden Sie den Zopf mit einem weiteren Gummiband zusammen.

Das fertige Ohrteil am Kopfstück

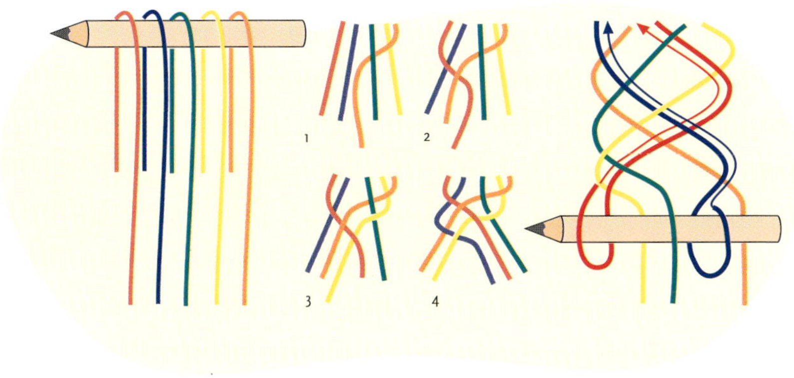

So funktioniert das Flechten eines Fünferzopfes

Nun kommt der zweite Bleistift zum Einsatz. Legen Sie eine Schnur nach der anderen zur Schlaufe herum und führen sie durch die Flechtarbeit, so daß der Eindruck entsteht, Sie hätten hier wie am Anfang zwei Schnüre gleichzeitig verflochten. Da die Lederbändchen verhältnismäßig hart und unflexibel sind, geht dieses nachträgliche Einflechten ganz einfach. Ziehen Sie die Bänder möglichst genauso weit durch, wie Sie am Anfang zum Verflechten der überstehenden 8 cm gebraucht haben und schneiden dann die Enden sauber ab.

Danach können Sie auch die Bleistifte entfernen, aber die Gummibänder sollten Sie erst lösen, wenn Sie das Einohrteil sicher auf das Nackenstück des Zaums gesteckt haben.

Bei Ohrteilen oder Stirnbändern aus dickeren Bändchen gibt es einen optisch schöneren Effekt, wenn Sie die Enden nicht einarbeiten, sondern als Trensenschmuck an der Seite des Backenstücks herunterhängen lassen, wie das

Ohrteil in Flechttechnik

Foto zeigt. Flechten Sie hier bis zur gewünschten Länge des Teils und fixieren die Arbeit dann wieder mit einem Gummiband. Lassen Sie dann so viele Millimeter Riemchen unverflochten, wie das Kopfstück breit ist. Sie können es später leicht durch die dadurch entstandene Lasche hindurchziehen. Dann fixieren Sie wieder mit einem Gummiband und beginnen die Flechtarbeit von neuem. Nach zwei oder drei Zentimetern werden die Enden verknotet. Z. B. können Sie dazu einen Wurfknoten aus einem der Bändchen winden und damit die anderen fixieren. Kürzen Sie zuletzt die Enden der Bändchen auf die gewünschte Länge.

Ohrteil oder Stirnband?

Für viele Reiter aus dem traditionellen Sportbereich ist der Anblick eines Einohrzaums exotisch. Insofern werden Sie sicher überlegen, ob es nicht möglich wäre, die selbst gearbeiteten Kopfstücke alternativ mit einem Stirnband zu versehen. Theoretisch ist das natürlich eine gute Idee, in der Praxis hat es allerdings seine Nachteile.

Bei einem gekauften Kopfstück wird das Stirnband durch die Schnallen der beiden Nackenstücke an seinem Platz gehalten. Unser selbstgemachter Zaum weist diese »Bremsen« allerdings

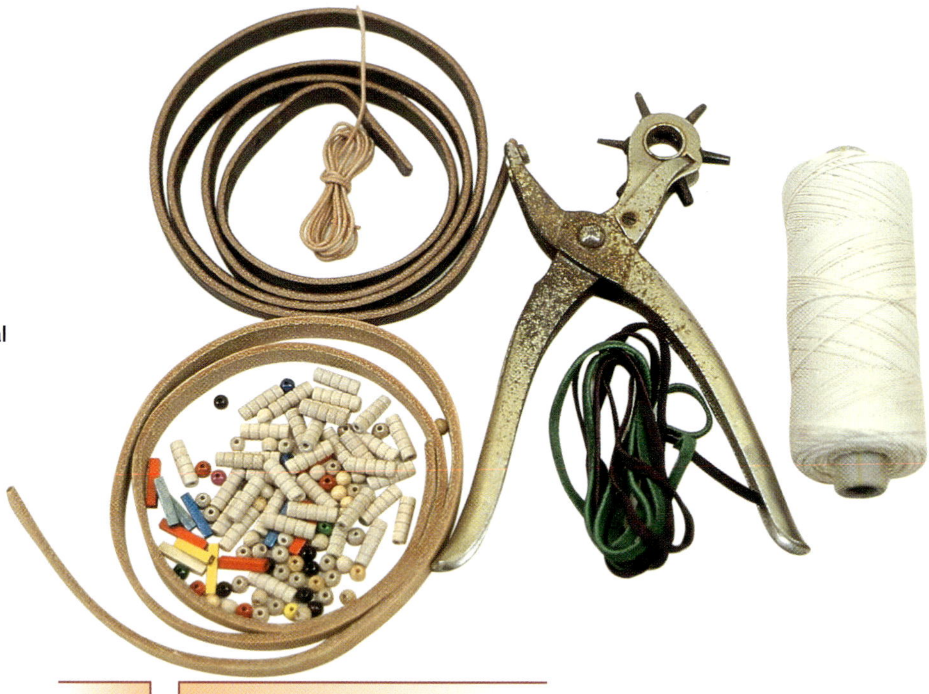

Material

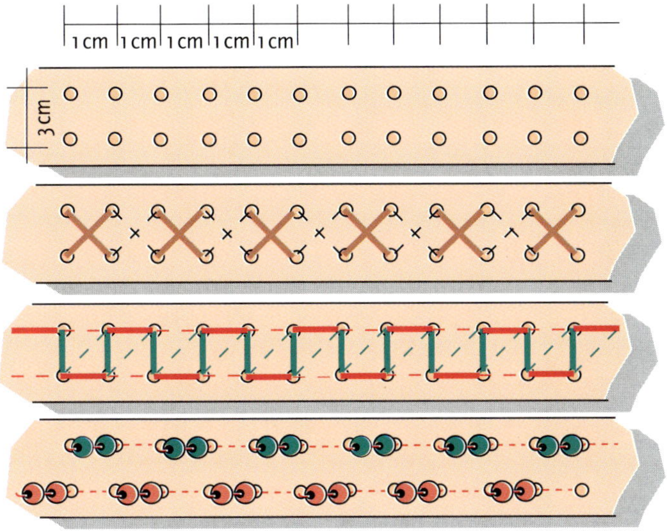

nicht auf, und ein einfach durchgezogenes Stirnband verrutscht deshalb unweigerlich in Richtung Pferdenase. Sie müßten es also fixieren, z. B. durch Nieten oder dadurch, daß Sie Nackenriemen und Stirnband mit Löchern versehen und mit einem dekorativen Lederbändchen zusammenknoten. Technisch kein Problem, aber wenn Sie Stirnband und Nackenstück fest miteinander verbinden, verzichten Sie auf die gerade beim umgebauten Hannoverschen Reithalfter oder beim Zaum aus der Schweißleine so praktische Verstellmöglichkeit. Ihr Kopfstück paßt dann nur noch einem einzigen Pferd, und kann auch nur dann für verschiedene Gebisse genutzt werden, wenn Sie zusätzliche Löcher für die Schiffchen anbringen.

Lederbändchen eignen sich zum Verschönern

Stirnbänder und Einohrteile verschönern

Einohrteile an Arbeitskopfstücken für Western- und Freizeitpferde bestehen oft aus sehr schlichten Lederriemen – praktisch, aber einfallslos! Mit ein paar Lederbändchen oder ausgefallenerem Schmuck wie Perlen und Straß lassen sich die Teile aber leicht zu wahren Schmuckstücke machen. Die Technik funktioniert natürlich auch bei selbst aus Lederresten erstellten oder zusammengenieteten Ohrteilen oder Stirnbändern.

... oder ganz bunt mit vielen Perlen

Buntes Einohrteil am Pferdekopf

▶ **Materialbedarf:**

Lederbändchen aus dem Bastelbedarf in verschiedenen Farben, evt. auch Alcantara-Bändchen und Holzperlen

Lochzange

Die hier angewandte Technik ist jedem bekannt, der als Kind einmal Karten ausgestickt hat. Dabei wird buntes Stickgarn mit einer stumpfen Nadel durch vorgestanzte Löcher geführt.

Zur Verschönerung Ihres Stirnbandes stanzen Sie sich diese Löcher nun selbst mit Hilfe einer Lochzange. Überlegen Sie sich das Muster genau, bevor Sie das Leder verletzen. Am besten zeichnen Sie es sich auf der Rückseite des Leders mit Bleistift oder Kreide vor.

In die so vorgefertigten Löcher werden die Lederbändchen nun einfach eingefädelt. Da die Schnüre verhältnismäßig steif sind, geht das ganz leicht. Sie müssen nur darauf achten, ein größeres Loch auszustanzen, wenn Sie zwei Lederbändchen hindurchführen wollen. Besondere Effekte erzielen Sie, wenn Sie Perlen oder andere Schmuckornamente auf die Bändchen ziehen. Zuletzt werden die Bändchen auf der Rückseite des Stirnbandes verknotet. Achten sie dabei auf flache Knoten, die dem Pferd keine Unannehmlichkeiten bereiten.

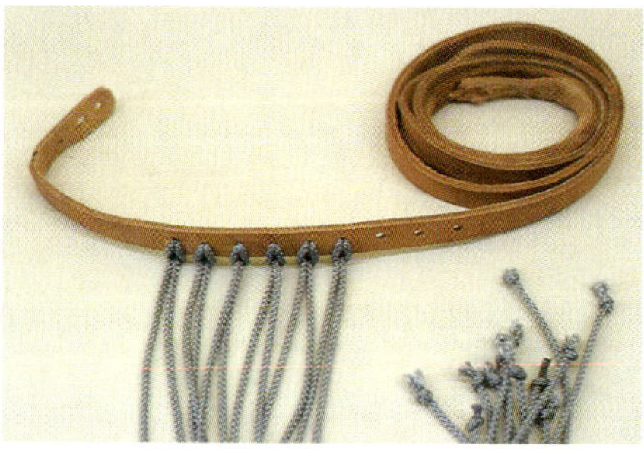

Fliegenschutzvohang: So werden die Bänder eingeknüpft

Zu schwere Stirnbänder hält ein Bändchen an ihrem Platz

▸ Fliegenschutzvorhang

Mit Hilfe der eben erklärtenTechnik läßt sich auch ein wirksamer Fliegenvorhang basteln, der den Gesichtsbereich des Pferdes während des Ausritts schützt. Sie brauchen dazu eine Anzahl etwa 60 cm langer Lederbändchen bzw. dünne Allzweckleine. Erstere sind hübscher, aber letztere macht das Stirnband leichter und trocknet schneller nach Regengüssen. Bringen Sie die Löcher an und knüpfen Sie Bänder ein wie das Foto zeigt. Schließlich werden die Bänder durch Knoten am Ende etwas beschwert.

Sollte das Stirnband trotz des leichten Materials zu schwer werden und durchhängen, kann es mit Hilfe eines zwischen den Ohren durchlaufenden Haltebändchens aus dem gleichen Material wie die Vorhang-Bänder leicht fixiert werden. Besonders bei üppigen Mähnen fällt das kaum auf.

Sicherer Fliegenschutz

Anzeichnen der Maße direkt am Pferd

Die Decke muß überall mindestens 3 cm überstehen

So liegt die fertige Decke an

Satteldecken
Schaffell-Satteldecke in Sattelform

Besonders für hautempfindliche Pferde ist diese Satteldecke aus Schaffell hervorragend geeignet. Sie polstert den Sattel gut ab und verhindert das Abbrechen der Haarspitzen, das viele Pferde während des Haarwechsels zeigen. Der Sattel liegt gut und rutschfest auf der Lederseite des Fells.

Materialbedarf:

Ein kurzfloriges Schaffell
Festes Baumwollband, 2 cm breit
Ledernadel
Knopflochseide

Zum Zuschneiden legen Sie das Schaffell mit der Fellseite nach unten auf Ihr Pferd oder einen Sattelbock. Sofern das Pferd bereitwillig stillsteht, empfehlen wir ersteres!

Damit die spätere Decke perfekt unter Ihren Sattel paßt, wird der Sattel aufgelegt und das Fell hoch in die Kammer gezogen. Entsprechend der Sattelform zeichnen Sie nun die gewünschten Deckenkonturen mit einem Bleistift auf das Leder. Die zukünftige Satteldecke soll dabei überall mindestens 3 cm überstehen. Wenn die Form später ausgeschnitten ist, wölben sich diese überstehenden Ränder nach außen und ergeben damit einen schönen Effekt.

Außerdem wird auf die Fellunterseite eingezeichnet, wo später die Halterungen angebracht werden. Orientieren Sie sich dabei an den Zeichnungen.

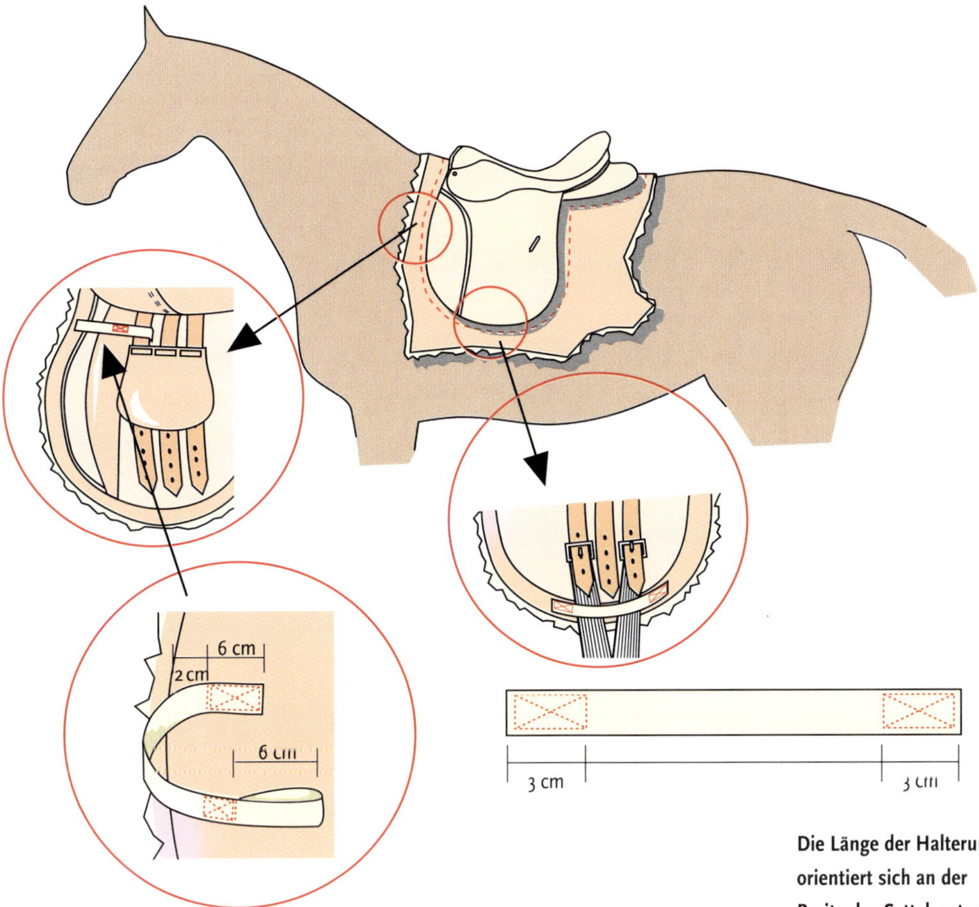

Die Länge der Halterung orientiert sich an der Breite des Sattelgurtes

Der Sattel wird nun abgenommen und das Fell mit einer scharfen Schere sauber ausgeschnitten. Achten Sie darauf, daß die Decke möglichst symmetrisch wird, daß also beide Seiten übereinander passen, wenn sie zusammengelegt wird. An den von Ihnen zuvor markierten Punkten nähen Sie dann auf der dem Sattel zugewandten Seite die Bänder an, wie die Detailzeichnungen zeigen.

Die Länge der Halterungen passen Sie am besten den Maßen Ihres eigenen Sattels an. Bei Militärsätteln oder spanischen Sätteln braucht man z. B. für die Halterung ein längeres Baumwollband als bei handelsüblichen Satteldecken.

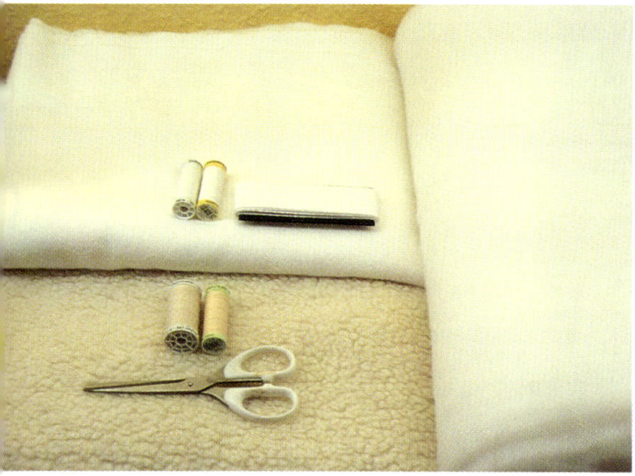

Materialbedarf

Satteldecke in Schabrackenform

Die Form dieser Satteldecke in Stepptechnik kennen Sie besonders aus dem Westernbereich. Der Westernsattel benötigt eine viereckige Unterlage, in der Fachsprache »Pad« genannt. Viele Freizeit- und Wanderreiter bevorzugen aber auch unter dem Vielseitigkeits- oder Trachtensattel eine Decke in Schabrakkenform. Sie hat den Vorteil, daß sie zusätzliches Gepäck, wie z. B. Satteltaschen oder am Sattel mitgeführte Regenkleidung mit abpolstert. Auch diese preis-

So werden Stoff und Füllmaterial zum Steppen übereinandergelegt

Fixieren der Steppwatte

Abschneiden der Kanten

werte Satteldecke ist sowohl für den Western- als auch für den Vielseitigkeitssattel oder einen spanischen Sattel geeignet.

- **Materialbedarf:**
  2 Rechtecke Teddyplüsch (Teddystoff, Synthetisches Fell) 1,10 m x 80 cm
  1 Rechteck Steppwatte 1 x 0,75 m
  Nähgarn, Jeansnadel

Zunächst werden Teddystoff und Steppwatte zugeschnitten. Dann legen Sie die beiden Teddyrechtecke mit den rechten Seiten aufeinander, die Steppwatte mittig darüber. Steppen Sie nun einmal rundherum, so daß die Watte etwa 1 mm mit angesteppt wird. In der Mitte der langen Seite, im späteren Widerristbereich, lassen Sie 20 cm zum Wenden. Vor dem Wenden werden sie schräg abgeschnitten, etwa auf $^1/_2$ cm bis zur Naht. Damit vermeiden Sie »Knubbelbildung« in den Ecken der fertigen Decke. Nach dem Wenden legen Sie die Decke flach auf den Boden und ziehen sie ganz glatt. Nun wird entlang der Mittellinie des Pad eine Naht abgereiht. Anschließend reihen Sie von der Mittellinie aus, parallel zu den langen Seiten, Streifen fest, um die Steppwatte innerhalb der Rechtecke zu fixieren. Liegt alles sauber aufeinander, ohne Falten zu werfen, kann anschließend gesteppt werden. Alternativ ist natürlich auch eine Karo- oder Punktsteppung möglich. Um das Pad auch bei Pferden mit hohem Widerrist gut auskammern zu können, wird die Mittellinie entlang dem Widerrist 13 cm weit y-förmig eingeschnitten. Den Einschnitt und das zum Wenden verwandte Loch vernähen Sie dann per Hand.

Nach Anreihen der Mittellinie wird der Widerristbereich y-förmig eingeschnitten

Edel unter dem spanischen Sattel

Applikationen

Um Satteldecken aller Art noch zu verschönern und zu einem einzigartigen Stück werden zu lassen, können Sie die später unter dem Sattel sichtbaren Ecken noch mit Applikationen (Stoffbildchen) versehen. Zu ihrer Gestaltung bieten sich z. B. die Vorlagen im Geschenkteil dieses Buches an. Am Besten bringen Sie die Applikationen mit Zickzackstich an. Geht das aus irgendeinem Grund nicht, so müssen Sie einen nichtriffelnden Stoff (Filz) verwenden.

Gesteppte Satteldecke mit Tasche fürs Gelpad

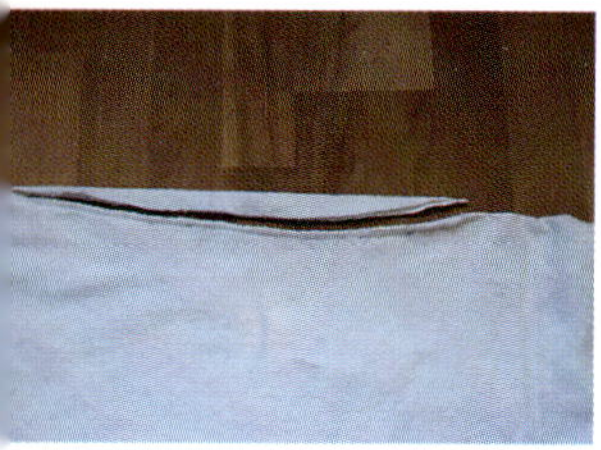

Rückengerechtes Zuschneiden der Mittellinie

So liegt der Stoff (und hier auch zum besseren Verständnis das Gelpad) für die untere Deckenhälfte übereinander

So liegen letztlich alle Stofflagen übereinander

Aufeinandersteppen der Stofflagen

Gelpads zum körpergerechten Abpolstern des Pferderückens sind zur Zeit groß in Mode. Diese elegante Satteldecke ermöglicht es, sie garantiert rutschfest und mit schweißaufnehmender Ummantelung aufs Pferd zu bringen.

▶ **Material:**

2 Rechtecke Sweatshirtstoff, 1,10 m x 90 cm
1 Rechteck Steppwatte 1 x 0,75 m
2 Rechtecke festerer Baumwollstoff (z. B. Nessel) für die Tasche, in allen Richtungen 10 cm größer als das Gelpad
Breites Saumband, ca. 150 cm

Nachdem alle Rechtecke zugeschnitten sind, wird diese Decke zunächst in zwei Hälften gearbeitet. Für die untere Hälfte legen Sie eine Lage Sweatshirtstoff, darüber die Steppwatte und eine Lage Nesselstoff. Letzterer schließt im Widerristbereich ab. Er bildet den ersten Teil der Tasche für das Gelpad. Nähen Sie nun mit Mittellinie durch, um die Teile zu fixieren. Wenn Sie möchten, können Sie das in körpergerechter Form tun und den überschüssigen Stoff später abschneiden. Steppen Sie dann breites Saumband auf die Mittellinie. Anschließend wird die Steppwattenfüllung durch Karosteppung weiter fixiert.

Jetzt wird das obere Teil der Decke gearbeitet, wozu Sie wieder Sweatshirtstoff und Nessel übereinanderlegen und zusammensteppen wie beim unteren Teil, Steppwatte wird diesmal nicht angebracht, sonst wird das Pad zu dick. Wieder wird die Mittellinie abgesteppt und gegebenenfalls körpergerecht ausgeschnitten und anschließend mit Saumband versäubert. Beide Teile werden rechts auf rechts übereinandergelegt und zusammengesteppt. Legen Sie das Pad aber nicht flach hin, um die Teile anzupassen, sonst wirft die Tasche für das Gelpad später auf dem Pferderücken Falten. Besser ist, die Decke zum Zusammenreihen auf ei-

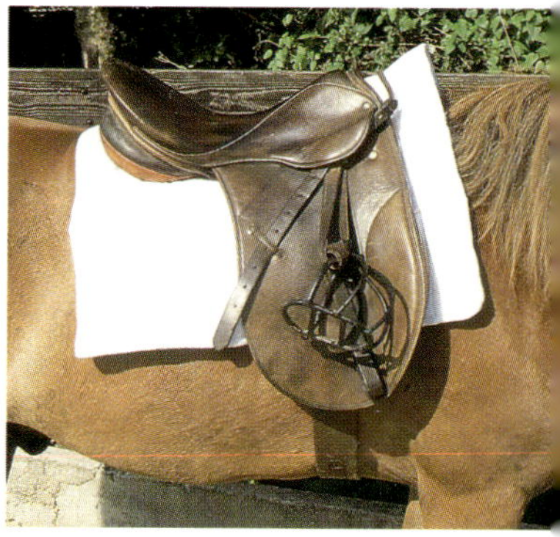

Das fertige Pad liegt unter dem Sattel

Bequem für Wanderreiter

nen Sofarücken oder eine Sessellehne zu legen. Reihen Sie nun wieder einmal rundum, wobei Sie den Widerristbereich erstens zum Wenden und zweitens zum späteren Einschieben des Gelpads aussparen. Danach wird gesteppt, die Ecken schräg abgeschnitten und das Pad gewendet. Nach dem Ausbügeln der Nähte wird die Öffnung für das Gelpad eingeklappt und innen sauber versäumt. Legen Sie das Gelpad dann ein und zeichnen an, wo die Tasche dafür abgesteppt werden muß. Mehr als 1 cm Spiel sollte das Gelpad nicht haben. Dann wird die Tasche von außen abgesteppt.

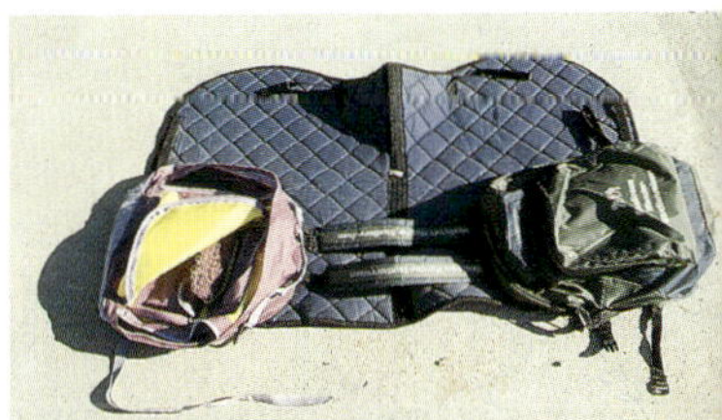

So werden die Rucksäcke aufgenäht

Die aufgenähte Halterung für den Sattelgurt

Satteltaschen für Wanderreiter

Auf Wanderritten bewährt hat sich die Idee, an selbst genähten oder auch an gekauften Schabracken billige Nylonrucksäcke als Satteltaschen zu befestigen. In den extrem leichten, aufklappbaren Rucksäcken läßt sich alles verstauen, was Reiter und Pferd unterwegs brauchen, angefangen vom Re-

Eine Schlaufe aus Gurtband fixiert die Rucksäcke am Sattel

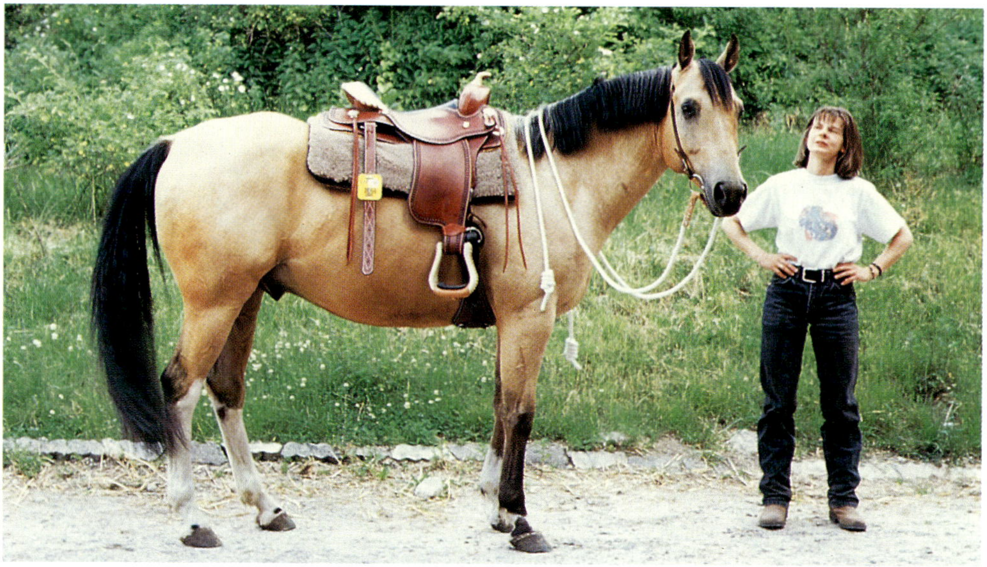

Das schnelle Pad von Seite 60 im Einsatz

genschutz für den überraschenden Schauer bis zur Erste-Hilfe-Ausrüstung für Pferd und Reiter. Eine zusätzliche Begurtung sorgt für Stabilität.

- **Materialbedarf:**
  Eine Satteldecke in Schabrackenform
  Zwei leichte Nylonrucksäcke
  Eventuell breites Gurtband und Schnellverschlüsse für einen zusätzlichen Bauchgurt
  Eventuell Klettband

Sie können die beiden Nylonrucksäcke entweder direkt auf die Schabracke nähen, oder Sie nähen Klettband auf Schabracke und Rucksäcke und befestigen sie damit. Letzteres hat den Vorteil, daß die Säcke schnell abgelöst und z. B. ins Übernachtungsquartier mitgenommen werden können. Das Nähen der Rucksackrückseiten ist jedenfalls ganz einfach, da sich die Rucksäcke vollständig aufklappen lassen. Die Verwendung einer Nähmaschine (mit Jeansnadel zum Durchstechen der dicken Schabracke) ist folglich kein Problem. Die Taschen werden so aufgebracht, daß sie mit den hinteren Ecken der Schabracke abschließen. Dann bleibt vorn genug Platz für einen normalen Vielseitigkeitssattel. Auf jeden Fall sollten Sie für zusätzliche Stabilität und mehr Tragkomfort für das Pferd sorgen, indem Sie die beiden Rucksäcke mittels der Tragegurte eines Rucksacks über die Schabracke (und später über den Pferderücken) hinweg verbinden. Auch diese Gurte können mit Klettverschlüssen befestigt werden. Weiterhin bietet sich eine Befestigung an der Schweifriemenhalterung des Sattels – nicht aber am Schweifriemen direkt! – an. Um eine ruhige Lage der Rucksäcke zu gewährleisten, können zusätzlich Schlaufen zum Verbinden mit dem Sattelgurt und/oder zwei zusätzliche Bauchgurte aus Gurtband angebracht werden.

Natürlich achten Sie beim Beladen der Rucksäcke auf gleichmäßige Gewichtsverteilung. Ansonsten kann es zu Druckstellen kommen. Die an der Schabracke befestigten Taschen sollten nicht zu schwer beladen werden, da ihr Gewicht sonst ein Auskammern der Decke unmöglich macht.

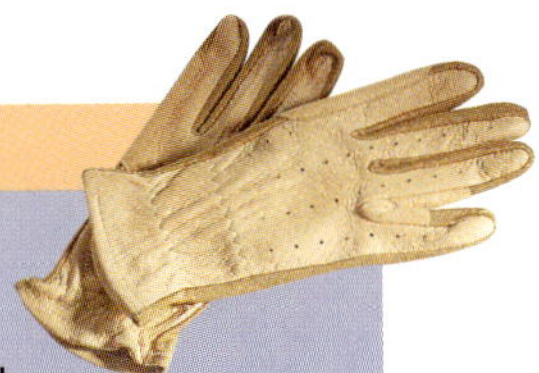

Satteldecken

Um den Pferderücken abzupolstern und auch um das Sattelleder vor Schweißflecken zu schützen, sollte man grundsätzlich eine Satteldecke verwenden. Je nach Sattel und Reitweise verwendet man dabei Modelle aus mehr oder weniger dicken Materialien. Zudem gibt es Satteldecken in Sattelform oder in viereckiger Form. Letztere nennt man im Reitstall »Schabracken«, der Western- oder Freizeitreiter verwendet eher den englischen Ausdruck »Pad«. Viereckige Decken sind für viele Verwendungszwecke praktischer, da sie nicht so leicht verrutschen und auch Satteltaschen und am Sattel befestigte Regenkleidung mit abpolstern. Häufig greift man hier zu besonders dicken Modellen aus festem Material, die auch bei der Verteilung des Reitergewichts auf dem Pferderücken nützlich sind. So z. B. unsere Variante aus dem »Welpenbett«. Für sehr druckempfindliche Pferde verwendet man Satteldecken aus medizinisch behandeltem Schaffell oder einen Woilach. Das ist eine große, reinwollene Decke, die durch besondere Faltung in zwölf Lagen auf dem Pferderücken liegt. Sattelförmige, dünne Decken aus Baumwolle oder Samt wirken dagegen eleganter, polstern den Pferderücken aber kaum ab. Sie sind nur dann angebracht, wenn der Sattel wirklich perfekt sitzt.

Anprobe: Das unbearbeitete Fell auf dem Sattel

Das schnelle Pad

Rasch erstellt, gut abpolsternd und leicht zu reinigen ist diese dicke Unterlage für den Westernsattel.

Sie brauchen dazu lediglich ein sogenanntes »Welpenbett«, eine dicke Decke von etwa 1, 5 x 1 m, das Sie z. B. bei Landwirtschaftlichen Genossenschaften oder in Spezialgeschäften für Hundebedarf erwerben können.

Zur Verwendung als Satteldecke wird die Unterlage einfach doppelt gelegt und am eingefaßten Band zusammengenäht. Mit der Nähmaschine geht das leider nicht, da das Material zu dick ist. Die Mühe des Nähens per Hand lohnt sich jedoch: Das hautfreundliche, kuschelige Material verrutscht nicht übereinander und nicht unter dem Sattel.

Schaffellüberzüge für Sättel

Besonders im Winter bietet ein Schaffellüberzug für den Sattel zusätzliche Wärme und Sitzkomfort. Hier finden Sie Arbeitsanweisungen für zwei Modelle, da sich die Technik beim Vielseitigkeitssattel und beim Westernsattel doch stark unterscheidet. Beide Varianten sind jedoch leicht aufziehbar und abnehmbar, so daß es zur Sache weniger Minuten wird, den Sattel »winterfit« zum machen oder das Fell zum Trocknen nach dem Regen oder zum Waschen abzunehmen.

Anpassen an der Sattelkammer

Anpassen am hinteren Satteltteil

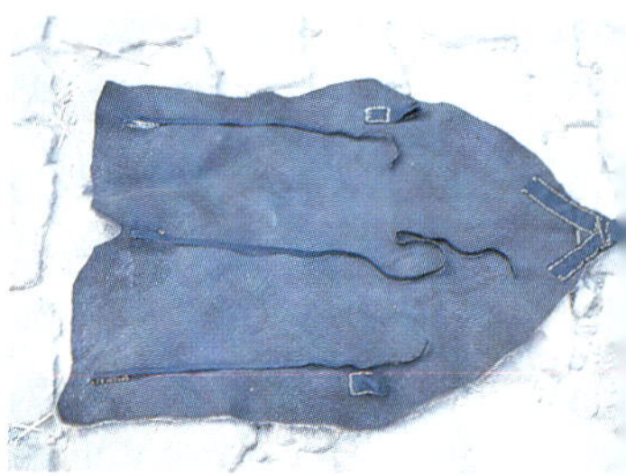

Unteransicht des Fells mit angenähten Gummibändern

Preiswerte Schaffelle finden Sie auf Jahrmärkten oder bei Pelzhändlern, die selbst gerben. Wer den Luxus liebt, kann sich auch ein pflegeleichtes, medizinisch gegerbtes Sattelfell leisten.

Variante 1: Überzug für den Vielseitigkeitssattel

- **Materialbedarf:**
  Gummiband, Breite etwa 2 – 3 cm
  Kurzfloriges Schaffell: mindestens 1/2 Fell vom erwachsenen Schaf oder 1 Lammfell
  Ledernadel
  Zwirn

Einladend – Das fertige Fell

Zum Abmessen wird das Fell zunächst so auf den Sattel gelegt, wie es auch später liegen soll. Man zeichnet auf seiner Unterseite an, wo der Sattel beginnt und endet (Sattelkammer – A, Hinterzwiesel – B). Auch Anfang und Ende des Sattelblattes werden markiert (C und D). Nun wird ein Gummiband bei A angenäht und zwecks Abmessung unter dem Sattel durchgezogen. Es soll in der »Sattelkammer« nach hinten laufen und wird dann an der markierten Stelle B festgenäht. Messen Sie so ab, daß bei angelegtem Schaffell leichte Spannung besteht. Soll das Fell für verschiedene Sättel unterschiedlicher Größe verwandt werden, können Sie bei B und später bei D auch eine Schlaufe aus Saumband annähen. Dann kann das Gummiband hier angeknotet statt fest fixiert werden.

Wichtig: Ein Loch zum Durchziehen des Schweifriemens

An den Stellen C und D wird ebenfalls ein Gummiband befestigt, das dann bei angelegtem Fellüberzug unter dem Sattelblatt verläuft. Es verhindert das Hochrutschen des Fells beim Leichttraben und beim Galopp im leichten Sitz.

Das Annähen der Gummibänder erfolgt am besten von Hand mit Zwirn und einer Ledernadel. Nähen Sie möglichst sorgfältig und arbeiten Sie mit breitem Gummiband. Schließlich werden die Nähte beim Reiten recht hohen Belastungen unterworfen.

Wenn das Fell dann richtig angebracht ist, entscheiden Sie, ob eventuell noch Korrekturen in der Fellform angebracht sind, z. B. ob Sie die Ecken abrunden möchten. Auch für einen eventuell verwendeten Schweifriemen wird jetzt ein Loch geschnitten. Sie werden feststellen: Im Laufe weniger Ritte paßt sich das Fell dann perfekt dem Sattel an.

Variante 2: Überzug für den Westernsattel

- **Materialbedarf:**
  Gummiband, Breite etwa 2 – 3 cm
  1 langfloriges Schaffell
  Ledernadel
  Zwirn

Das unbearbeitete Fell wird zum Anpassen über den Sattel gelegt

So wird das Loch für das Horn eingeschnitten, außerdem sieht man hier die Markierungspunkte für die Ösen an der Fork

Hier sieht man die Raffung mit Hilfe des Gummizugs und den Durchlaß für das H

Variante 2: Fertig

Auch hier wird das Fell zunächst in der günstigsten Position aufgelegt. Die Beinausbuchtungen des Fells sollten dabei möglichst genau an den Fendern liegen. An der Stelle, wo das Sattelhorn durch das Fell stößt, nehmen Sie dann sternförmige Einschnitte vor, um das Horn durchstecken zu können. Im Bereich der Fork nehmen Sie Markierungen vor, wie das Foto zeigt. An den eingezeichneten Stellen werden dann Ösen aus Saumband angenäht. Dazwischen bringen Sie in gleichmäßigen Abständen Schlitze in paariger Anzahl – 4, 6 oder 8 je nach Sattelgröße – an. Die Länge der Einschnitte orientiert sich an der Breite des Gummibandes, mit dem die Ösen dann verbunden werden. Man zieht es durch die Schlitze und kann damit das Fell über der Fork raffen. Genauso verfährt man am Cantle. Bei sehr dickem Fell sollte man hier das Flies etwas scheren, da das geraffte Fell sonst sehr aufträgt.

Schaffelldecken waschen

Mildes Haarshampoo oder handelsübliches Lederwaschmittel aus dem Reitsportgeschäft lassen gebrauchte Schaffelldecken wieder wie neu aussehen. Sehr häufig ist eine solche Wäsche, die grundsätzlich per Hand vorgenommen wird, aber nicht nötig. Selbst bei Schaffellsatteldecken genügt es meist, die Decken gut auszubürsten und zu lüften.

s geraffte Fell liegt perfekt am Cantle an

▸ Reflektierende Sicherheitsweste

Reflektierende Aufnäher auf der Kleidung des Reiters oder einer Nierendecke für das Pferd erhöhen die Sicherheit. Wer eine Nähmaschine bedienen kann, hat diese Ausrüstung für Reiter und Pferd schnell selbst hergestellt. Sie sollte auf Wanderritten oder längeren Ausflügen an Winternachmittagen in keiner Satteltasche fehlen. Die Nierendecke kann mittels der ohnehin vorhandenen Begurtung leicht am Sattel befestigt werden. Reflexbänder als Meterware erhalten Sie in jedem gut sortierten Kurzwarenladen. Da gibt es auch Stickers zum Aufbügeln aus reflektierenden Materialien. Zusätzliche Sicherheit bieten übrigens reflektierende Gamaschen für die Pferdebeine, die im Handel sehr preiswert zu haben sind.

▸ **Materialbedarf für die Sicherheitsweste:**

Dünner, fester Stoff für 2 Quadrate 34 x 34 cm und 2 Träger 10 x 30 cm
2 m Baumwoll- oder anderes Band zum Schließen der Weste
Reflektierendes Band zum Aufnähen

Zunächst werden die Quadrate zugeschnitten und umsäumt. Die Träger werden der Länge nach doppelt gelegt und

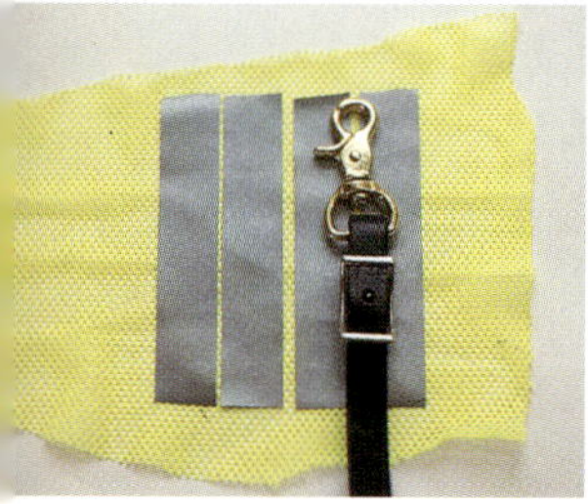

Zuschneiden des Zügelüberzugs

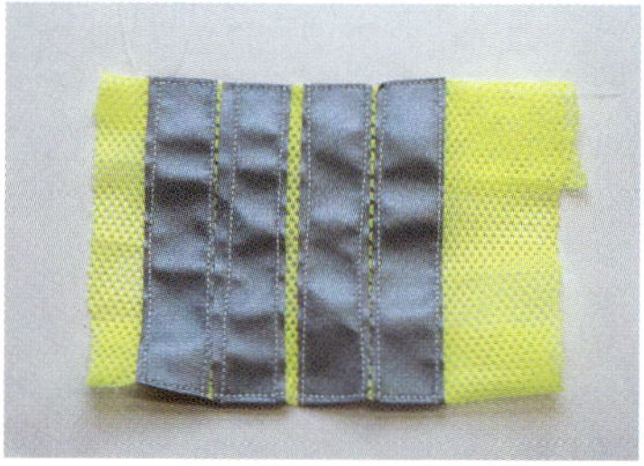

Fertig zum Zusammennähen

Der fertige Überzug

knappkantig abgesteppt. Dann werden sie auf rechts gezogen, flachgebügelt und an die Quadrate genäht.

Schließlich werden die Verschlußbänder zugeschnitten (4 Bänder a 50 cm) und im Gürtelbereich an die Weste genäht. Die reflektierenden Bänder werden ganz nach Wunsch (rundum, im Dreieck, als Schrift) auf die Quadrate genäht.

Anpassen der Fliegendecke

Schweifüberzug und Schweifbegurtung

▸ Nierendecke für das Pferd

▸ **Materialbedarf:**
Einfache Fliegendecke aus dem Reitsportbedarf
Reflektierendes Band zum Aufnähen
Heller, idealerweise neonfarbiger Stoffrest
Ca. 1 m dünne Allzweckleine zur Befestigung am Sattel

Der Halsausschnitt der Fliegendecke wird von hinten an den Sattel gelegt und der Sattelform angepaßt, indem man das Netzmaterial zuschneidet und mit festerem, möglichst neonfarbigen Stoff versäubert. Entsprechend der Ösen zur Anbringung von Satteltaschen o. ä. am Sattel wird Allzweckleine angenäht, um die Decke am Sattel befestigen zu können. Auch das Anbringen einer Schlaufe zum Durchziehen des Sattelgurts empfiehlt sich. Hinten wird die Decke in Schweifhöhe gerade abgeschnitten und ebenfalls versäubert. Bringen Sie an den üblichen Stellen eine Öse und ein Bändchen für die Schweifbegurtung an (Genauere Informationen dazu in den Arbeitsanleitungen für Stall- und Abschwitzdecken). Falls die Fliegendecke einen festeren Seitenstrei-

:h von hinten gut
ıtbar

:ke aufgerollt am Sattel

fen aufweist, wird darauf neonfarbener Stoff zur Stabilisierung genäht, dazu kommen reflektierende Bänder. Der helle Stoff darf überall etwa 1 cm überstehen. Ebenso verfahren Sie am unteren und hinteren Rand der Decke. Falls kein Seitenstreifen da ist, nähen Sie den Stoff direkt auf das Netz, was allerdings recht schwierig ist. Überhaupt ist es fast unmöglich, auf Fliegendecken wirklich gerade Nähte anzubringen.

Aus dem neonfarbenen Stoffrest wird dann ein ca. 10 – 25 cm großes Oval genäht, das später über den Schweif fallen soll. Bringen Sie es an der Decke an wie das Foto zeigt. Sie können das Teil mit einem etwas schwereren Gurtband versehen, damit es besser fällt, oder Sie bringen ein Stück Allzweckleine an, mittels derer Sie es am Schweif festbinden.

Voll ausgestattet für den Ritt im Dunkeln: Nierendecke, reflektierender Zügelüberzug sowie Sicherheitsweste

Reflektierender Zügelüberzug

Materialbedarf:
Pro Zügel ca. 4 x 10 cm langes, reflektierendes Band zum Aufnähen
Stoffrest ca. 10 x 15 cm

Die vier Bänder werden mit geringen Abständen (ca. 1/2 cm) nebeneinander auf den Stoffrest genäht, wie das Foto zeigt. Orientieren Sie sich dabei an der Breite Ihres Zügels – Die Schnalle muß durch den späteren Überzug passen. Darauf ist besonders zu achten, wenn Sie Zügel mit Karabinerhaken verwenden. Die Stoffkanten werden versäubert, der Stoff rechts auf rechts übereinandergeklappt und zum Überzug zusammengenäht. Nach dem Wenden können die Reflektoren aufgezogen werden.

PROFI·TIP

Stefanie Tücking

Beim Reiten ist das Strickmaterial natürlich überall da großen Belastungen unterworfen, wo der Zügel durchläuft. Es ist deshalb eine gute Idee, die Handschuhe zwischen Daumen und »Fäustlingsteil« durch Aufnähen eines Stücks Leders oder Alcantaras zu verstärken.

Gestrickte Reithandschuhe

Das Besondere dabei: Sie halten so warm wie Fäustlinge, bieten aber einen sicheren Griff am Zügel, da hier sowohl Daumen als auch kleiner Finger ausgearbeitet sind.

Materialbedarf:

Ca. 100 g Islandwolle (die Muster können mit Wollresten eingestrickt werden)

Stricknadeln: Ein Nadelspiel Stärke 3, ein Nadelspiel Stärke 5

Für das Bündchen nehmen Sie 26 Maschen mit dem Nadelspiel Stärke 3 auf. 16 Reihen hoch stricken Sie 1 M rechts, 1 M. links. Dann wechseln Sie auf das Nadelspiel 5 und erweitern auf 32 Maschen. Ab jetzt wird nur noch rechts gestrickt. Auf drei Reihen in der Grundfarbe folgt das erste Muster:

xx-xx-xx-xx-xx-xx-
-xx-xx-xx-xx-xx-xx-
x-xx-xx-xx-xx-xx-xx-

Danach stricken Sie noch zwei Reihen in der Grundfarbe und legen in der dritten Reihe 6 Maschen für den Daumen auf einer Sicherheitsnadel still. In der vierten Reihe werden diese sofort wieder neu aufgenommen. Nach vier weiteren Reihen folgt dann das zweite Muster:

x-x-x-x-x-x-x-x-x-x-x
-x-x-x-x-x-x-x-x-x-x-x
x-x-x-x-x-x-x-x-x-x-x

Das Bündchen wird mit Nadeln Nr. 3 gestrickt

Wechsel auf das Nadelspiel Nr. 5 und erstes Muster

Für Daumen und Kleinen Finger werden Maschen stillgelegt

Wiederaufnehmen von Maschen für den Daumen

So entsteht der kleine Finger

Fast fertig! Achten Sie darauf, die Handschuhe gegengleich zu arbeiten

Nach zwei weiteren Reihen in der Grundfarbe legen Sie in der Entfernung von 6 Maschen rechts (links) vom Daumen 6 Maschen für den kleinen Finger still, wieder mittels einer Sicherheitsnadel. Diesmal nehmen Sie aber in der nächsten Reihe nur zwei erneut auf, denn nun wird der Handschuh ja schmaler. Nach vier Reihen in der Grundfarbe fügen Sie Muster 3 (wie Muster 1) ein. Danach stricken Sie noch zehn Reihen hoch. Jetzt werden in jeder Reihe vier Maschen abgestrickt, der Handschuh läuft also spitz nach oben zu, bis nur noch acht Maschen übrig sind. Die letzten acht Maschen stricken Sie dann zusammen.

Fertig!

Als nächstes arbeiten Sie den Daumen aus. Dazu nehmen Sie die sechs stillgelegten Maschen und 10 zusätzlich rund um das Daumenloch aufgenommene auf das Nadelspiel 5. Sie stricken 14 Reihen hoch und stricken dann so lange jede zweite und dritte Masche zusammen, bis nur noch 6 übrig bleiben. Die werden dann ebenfalls zusammengestrickt.

Zuletzt der kleine Finger: Sie nehmen die 6 stillgelegten Maschen und 6 weitere rund um das Loch wieder auf das Nadelspiel 5. Dann stricken Sie 14 Reihen hoch und stricken dann wieder jede zweite und dritte Masche zusammen bis nur noch vier übrig sind. Die stricken Sie zuletzt zusammen und vernähen schließlich noch die Fäden auf der Rückseite.

Fester Griff am Zügel

Nützliches für Stall und Weide

Alle der hier vorgestellten Ideen sind erprobt und haben sich im Alltag bewährt. Zudem steht dieses Kapitel voll im Zeichen des Recyclings. Manchmal ist es verblüffend einfach, dringend benötigte Dinge wie einen Mistfix oder Buchstaben für den Reitplatz aus Abfallmaterialien wie Kanistern und ausgedienten Besenstielen herzustellen. Sie können damit gegenüber dem Kauf handelsüblicher Teile Geld sparen: So etwa bei selbstgenähten Pferdedecken oder einem regendichten Salzlecksteinhalter für die Pferdeweide. Einige der gezeigten Stücke sind hierzulande aber auch gar nicht im Handel erhältlich. Die praktischen Fliegennetze z.B., die auch ohne Halfter recht sicher am Pferdekopf sitzen, gibt es sonst nur in den USA. Ebenso wie andere, pfiffige Ideen – so etwa der Scheuerbaum aus ausrangiertem Putzzeug – tragen dazu bei, Weidepferden das Leben zu verschönern.

Aber auch Ihre Reitstunden möchten wir abwechslungsreicher gestalten. Versuchen Sie es einmal mit dem Bau von Cavaletti für die Springgymnastik, Slalomstangen zur Gymnastizierung und Lattenkonstruktionen zur Bodenarbeit!

Handwerkszeug mit Köpfchen

▸ Mistfix

Praktisch für die Stallarbeit und vor allem zum Absammeln des Mistes auf der Weide ist diese selbstgebaute Mistfix-Variante. Sie ist leichter als die handelsüblichen Modelle und kann etwas mehr Mist aufnehmen. Außerdem kann die Höhe des Griffs hier individuell an die Körpergröße des Benutzers angepaßt werden. Insofern wird Rückenschmerzen vorgebeugt. Der Mistfix wird ganz nach Wunsch mit einer kleinen Harke oder einem Laubbesen zum Aufschieben des Mistes kombiniert.

Zufrieden auf sauberen Weiden

▸ **Material:**
30 l-Kanister
Alustangen 2 x 1 m (je nach Körpergröße auch kürzer oder länger), 2 mm stark, L-Profil
Stück eines Besenstiels für den Griff, so lang wie der Kanister breit ist
8 Schloßschrauben mit Muttern, ca. 10 – 15 mm lang, Gewinde M 5; evt. Unterlegscheiben
2 Spaxschrauben (Holzschrauben), 30 – 40 mm lang
Stichsäge zum Ausschneiden
Bohrer, Schraubenschlüssel, kleine Harke

Zunächst wird der Kanister ausgeschnitten. Dann werden die Aluminiumstangen auf jeder Seite jeweils 1 cm vom Rand entfernt durchbohrt. Die oberen Löcher brauchen einen zu den Spaxschrauben passenden Durchmesser, die anderen dienen später zum Anbringen der Schloßschrauben. Nun wird als erstes der Tragegriff geschaffen, indem man den Holzstiel auf beiden Seiten mittels Holzschrauben mit zwei Aluminiumstangen verbindet. Wenn das L-Profil dabei stört, kann es an den Verbindungsstellen leicht abgefeilt werden. Die Aluminiumstangen werden jetzt mit dem Kanister verbunden, indem das dazu nötige Schraubloch über dem unteren Drittel der Höhe des Kanisters angebracht wird. Zuletzt wird die Halterung zusätzlich fixiert, indem man an einer weiteren Stelle pro Stange ein zusätzliches Loch durch Alu-Stange und Kanister bohrt und mit einer weiteren Schraube fixiert. Unterlegscheiben erhöhen die Haltbarkeit.

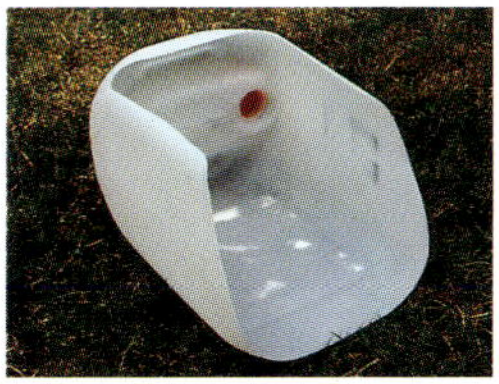
Ausschneiden des Kanisters

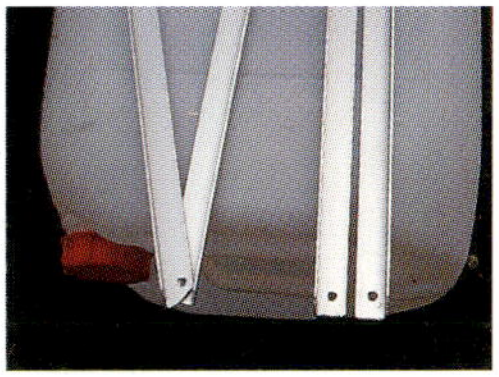
So werden die Alustangen mit Löchern versehen

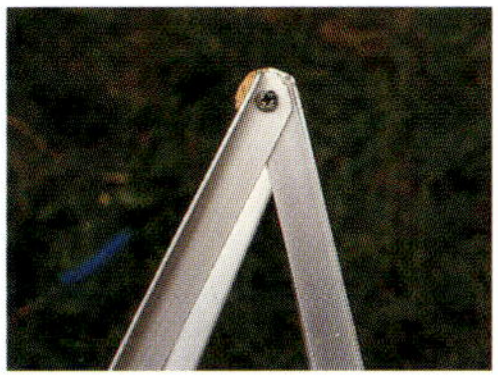
So entsteht der Griff

Der fertige Griff

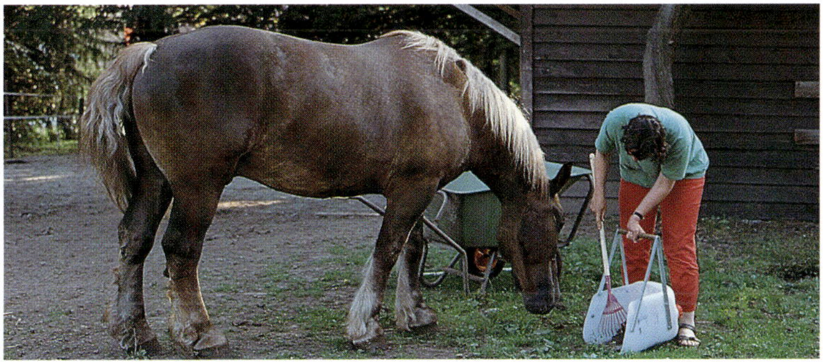
Praktisch zur Weidepflege. Der Mistfix im Einsatz

Der fertige Mistfix

Weidepflege

Die ideale Pferdehaltung zwischen Mai und Oktober ist der Freilauf auf der Weide. Für Reiter und Pferdehalter hat es ebenfalls Vorteile, wenn ihre Schützlinge viel Zeit auf der Weide verbringen, denn dadurch reduziert sich die Stallarbeit. Ganz so arbeitssparend wie es auf den ersten Blick scheint, ist der sommerliche Weidegang aber nicht.
Hier geht es zunächst darum, die Grasnabe vor zu starkem Verbiß und Zerstörung durch die Pferdehufe zu schützen. Die Pferde müssen die Weide wechseln, bevor sie das Gras bis zur Wurzel abgenagt haben, und nach starken Regenfällen muß die Weide vielleicht für ein paar Tage ganz gesperrt werden. Um Verwurmung zu begrenzen und die sogenannten Geilstellen möglichst klein zu halten, muß der Mist der Pferde regelmäßig von der Weide entfernt werden.
Im Frühjahr wollen die Wiesen weiterhin abgeschleppt und eventuell gewalzt werden. Am besten bittet man einen Landwirt, diese Arbeiten kurz vor Beginn der Vegetationsperiode zu erledigen. Vielleicht übernimmt er dabei auch gleich die Düngung der Weide mit Kompost oder kleinen Mengen von Volldünger.
Bei der Einzäunung einer Pferdeweide ist vor allem auf Sicherheit zu achten. Am besten bewährt haben sich hier Elektrozaunsysteme.

Die E-Zaun-Haspel im Einsatz

Rund um den Elektrozaun

Stabile E-Zaun-Haspel

Um diese E-Zaunhaspel fachmännisch zu erstellen, braucht man etwas Heimwerkererfahrung. Sie wird aus Reststücken von Vierkantrohren oder Rundeisen hergestellt, die man in der Abfallkiste jeder Schlosserei findet. Weil Abfalleisen verarbeitet werden soll, sind alle Angaben zum Materialbedarf als »Ca.- Angaben« zu verstehen. Lediglich bei dem Rohr, auf das die Kunststoffrolle gesteckt wird, ist es wichtig, die Größenangabe genau einzuhalten. Die Haspel ist ideal zum Aufbau stabiler Elektrozäune. Mit der Rolle läßt sich E-Zaunschnur oder auch durchschnittlich breites Band aufrollen.

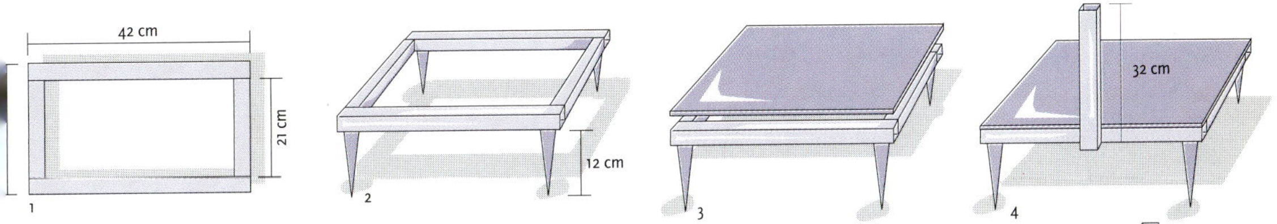

▸ **Materialbedarf:**
Verschiedene Reststücke von Vierkantrohren (2 x 3 cm und 5 x 2 cm)
Ca. 50 cm Rundeisen; ca. 13 cm Rohr 5 cm Durchmesser
Kunststoffrolle eines Schutzgasschweißgerätes
Ein Stück Weißblech, ca. 42 x 25 cm
Kunststoffgriff aus dem Haushaltswarenladen
Schweißgerät zum Punktschweißen
Schleifstein; Bohrmaschine
Tip: Lassen Sie sich die Eisenteile in der Schlosserei zuschneiden.

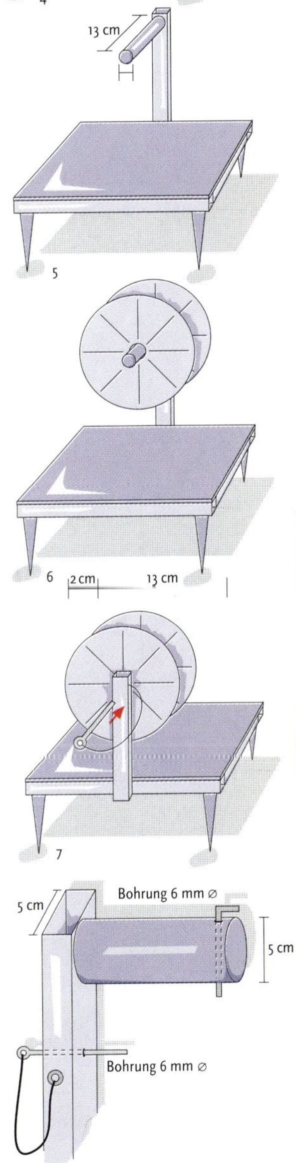

Zunächst wird ein Rahmen von ca. 42 x 25 cm aus Vierkantrohren 2 x 3 cm zusammengeschweißt. Dann werden an allen vier Kanten ca. 12 cm lange 8 mm-Rundeisen angeschweißt, die man vorher an einem Schleifstein angespitzt hat. Sie dienen später als »Erdanker«, zum Feststellen des Gerätes auf der Weide.

Als nächstes schweißen oder nieten Sie eine Platte aus Weißblech als Bewuchssperre auf den Rahmen. Dann schweißen Sie einseitig in der Mitte einer langen Seite des Rahmens ein ca. 32 cm langes, ca. 4 x 2 cm starkes Vierkantrohr auf. An seiner Oberkante wird schließlich ein ca. 13 cm langes Rohr von 5 cm Durchmesser angeschweißt. Auf dieses kurze Rohrstück schiebt man die leere Kunststoffrolle. Zu ihrer Fixierung wird seitlich im Rohr eine 6 mm-Bohrung für einen Splint vorgenommen. Alternativ kann die Rolle durch Draht fixiert werden.

Damit die Rolle festgestellt werden kann, wird im Vierkantrohr eine ca. 8 mm-Bohrung für einen Sperrstift vorgenommen. Dieser wird idealerweise mit einer Kette versehen, die man unterhalb des Bohrlochs anschweißt. An der Kunststoffrolle läßt sich mühelos ein Kunststoffgriff anbringen, indem man sie anbohrt, ihn hineinsteckt und mit einer Schraube befestigt.

▸ **PROFI·TIP**

▸ **Stefanie Tücking**

Wählt man das Vierkantrohr, das die Haspel aufrecht hält, ein paar Zentimeter länger und schweißt einen Griff daran, so ist die Haspel beim Zaunaufbau leichter zu bewegen.

E-Zaun schnell geflickt

Eckstangen: Der Isolator ist leicht anzuschrauben

Elektroband schnell geflickt

Auf vielen Pferdeweiden finden breite Elektrobänder statt Drähte Verwendung, da sie schneller verlegt und von den Pferden besser gesehen werden. Reißt ein solches Band, wird es allerdings ärgerlich: Einfaches Knoten sieht ungepflegt aus und sorgt auch nicht immer für weiteren, sicheren Durchfluß des Stroms. Häufig kommt es dann auch zu Funken- und Geräuschentwicklung, was die Pferde in Aufregung versetzt. Eine Alternative dazu ist das »Zusammentackern« oder heften der Strombänder mit einem Klammeraffen oder einem »Tacker«. Legen Sie die Elektrobandenden einfach so übereinander, daß sie sich etwa 20 cm überlappen und heften sie fest. Die Metallklammern verbinden die Drähte und leiten den Strom, dazu hält ein so geflicktes Band einigen Zug aus. Die Flickstellen sind kaum zu sehen und der »ordentliche Eindruck« des Zauns wird insofern nicht beeinträchtigt.

Stabile E-Zauneckstangen – Sicherheit auf Reisen

Stabilität an den Ecken

Wer häufig mit Pferden unterwegs ist, kennt das Problem, E-Zaunpaddocks wirklich sicher zu verankern. Die Kunststoffstäbe, die man hier meist gebraucht, bieten besonders an den Ecken wenig Stabilität. Hier empfiehlt es sich, ein paar stabile Eckstangen herzustellen und mit einzupacken. Sie brauchen dazu nur vier Rundeisenstangen (Auch Baustahl oder Torstahl genannt), die Sie sich beim Schmied in der Länge Ihrer Elektrozaunstäbe zuschneiden lassen. Auf Wunsch wird er Ihnen sicher auch einen Tritt anschweißen, ansonsten geht es aber auch ohne. Dann brauchen Sie allerdings einen Hammer im Reisegepäck, um die Stangen in den Boden schlagen zu können. Besorgen Sie sich nun vier bis zwölf anschraubbare Isolatoren im Landhandel – je nachdem, ob Sie Ihren Elektrozaun einfach, zweifach oder dreifach mit Litze versehen wollen. Die Rundeisenstangen werden nun nur noch passend zu Ihren Kunststoffstangen mit Isolatoren versehen.

Überreiten des Cavalettos in niedrigster Höhe

▸ Cavaletti leicht gebaut

Cavaletti (Einzahl Cavaletto!) nennt man die praktischen kleinen Hindernisse, bei denen eine Stange fest über zwei seitlichen Kreuzen angebracht ist. Durch einfaches Drehen wird dabei die Einstellung auf drei verschiedene Höhen möglich, außerdem kann man zwei Cavaletti übereinander stellen und damit auch größere Sprünge aufbauen.

▸ **Material:**

Imprägnierte Holzstangen 3 m lang, Durchmesser etwa 10 cm (dickere Stangen sind stabiler und für die Pferde besser sichtbar, dünnere lassen sich leichter transportieren).

Auskehlen der Kanthölzer

So entstehen die Seitenkreuze

Die abgeflachte Stange sitzt sicher

Springgymnastik

Für eine »Gymnastikstunde« mit Cavaletti braucht man drei bis sechs der kleinen Hindernisse. Sie werden in gleichen Abständen hintereinandergelegt und sollen das Pferd lehren, genau hinzusehen wohin es läuft und mit schwingendem Rücken in Dehnungshaltung vorwärts zu gehen. Kurz vor dem Übertreten der Cavaletti muß ihm also der Kopf freigegeben werden. Dazu geht der Reiter beim Übertreten der Stangen grundsätzlich in den leichten Sitz, was den Rücken entlastet.
Im Allgemeinen läßt man die Pferde zunächst im Schritt über niedrig gestellte Cavaletti treten – die Abstände zwischen den Stangen richten sich dabei nach der Schrittlänge. Danach wird über niedrig bzw. mittelhoch eingestellte Cavaletti getrabt. Der Phantasie sind bei der Springgymnastik kaum Grenzen gesetzt. Sie bringt Pferd und Reiter Abwechslung und kann viel Spaß machen.

Cavaletti können auch mit am Boden liegenden Stangen kombiniert werden

Als Mindestdicke empfehlen wir 7 cm
Für die Kreuze Kantholz, pro Kreuz 2 x 1 m. Auch hier sollte die Mindestdicke 7 x 7 cm betragen
6 Winkel passend zur Breite der Kanthölzer
Holzschrauben á 40 mm für die Kreuze und das Lochband
Holzschrauben zur Befestigung der Stange, Länge dem Durchmesser der Stange angepaßt
Lochband aus Metall, 2 x 30 cm
Säge, Stemmeisen

Zunächst bereiten Sie die Kanthölzer vor, indem Sie sie in der Mitte auskehlen. Das Auskehlen geschieht mittels Säge und Stemmeisen. Danach werden die Kanthölzer miteinander verzapft und die so entstandenen Kreuze mit zwei Schrauben sicher verbunden. Zur Erhöhung der Stabilität schrauben Sie in drei Ecken der Kreuze Winkel an. Im vierten Winkel wird die Stange befestigt, wozu sie an zwei Seiten abgeflacht wird, damit sie sich perfekt einfügt. Die Stange wird mit langen Schrauben an den Kreuzen fixiert und zusätzlich mit einem passend gebogenen Lochband aus Metall gesichert.

Wasser in den Kanistern verhindern ein Umkippen

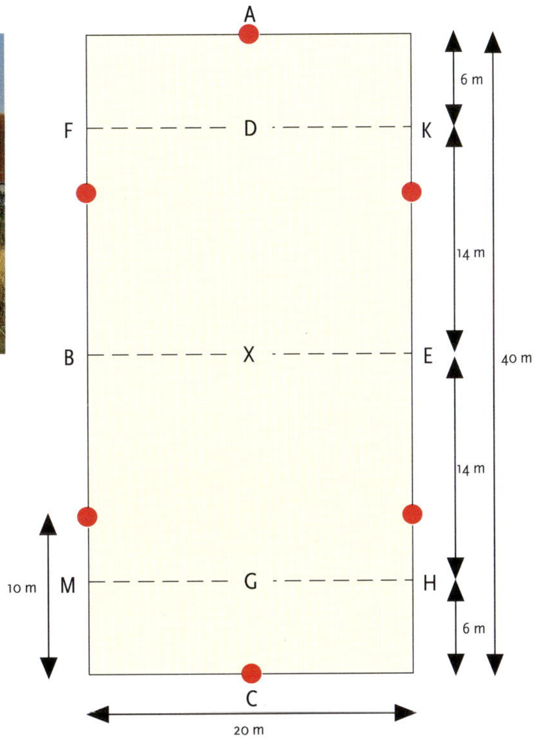

Buchstaben für den Reitplatz

Materialbedarf:
8 weiße Kunststoffkanister (ca. 8 l)
Schwarze, selbstklebende Kunststoffolie
Sand oder Wasser zum Beschweren

Die Buchstaben werden am PC geschrieben oder per Hand entworfen. Die Größe richtet sich dabei nach der Größe der Kanister. Übertragen Sie die Schrift dann spiegelverkehrt auf die Rückseite der Folie, schneiden sie aus und kleben sie auf die Kanister. Auch ein direktes Aufmalen mit wasserfester Farbe ist möglich. Der glatte Kunststoff sollte vorher mit Sandpapier leicht aufgerauht werden.

Bahnpunkte auf Kanister

Buchstaben aus Sperrholz

Auf eine Platte geschraubt

Material

▶ Stalldecke genau angepaßt

Speziell auf Ihr Pferd oder Pony zugeschnitten ist diese warme Stalldecke aus Wollstoff. Sie schützt das Pferd vor Zugluft, wenn es nach dem winterlichen Ausritt im Stall steht. Auch auf der Hängerfahrt von der Reitstunde hat sie sich bewährt.

▶ Materialbedarf:

Große Decke – »Universaldecke« – aus Wollstoff
Schrägband zum Einfassen, elastisch, die Meterzahl richtet sich nach der Größe des Pferdes und muß individuell ausgemessen werden
4 cm breites, festes Baumwollband zum Einfassen, Schnellverschlüsse aus dem Kurzwarenladen
4 D-Ringe für die Beinbegurtung
Allzweckleine für die Beinbegurtung und den Schweifriemen. Die Länge richtet sich wieder nach der Größe des Pferdes oder Ponys

Um das individuelle Schnittmuster für Ihr Pferd zu erstellen, legen Sie die Decke zunächst mit der Rückseite nach oben aufs Pferd, wie das Foto zeigt. Zeichnen Sie die Halslinie mit Kreide an und markieren Sie die Rückenlinie mit einem »Tacker«. Schneiden Sie die Decke danach zu, wobei Sie natürlich auf Symmetrie achten. Wenn die Decke zusammengelegt wird, müssen beide Seiten übereinander passen. Nähen Sie nun zunächst ent-

Auflegen zum Anzeichnen des Schnittmusters

Mit Kreide und Tacker wird der Schnitt markiert

So schließt die Decke beim kleinen Pferd an der Brust ab

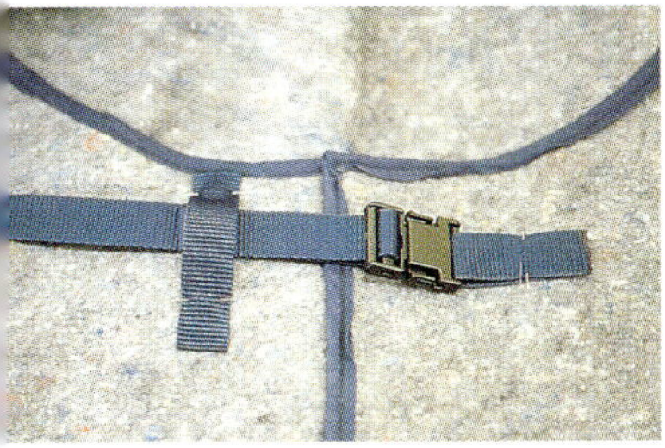

Befestigen des Brustverschlusses

Schlaufen für den Schweifriemen

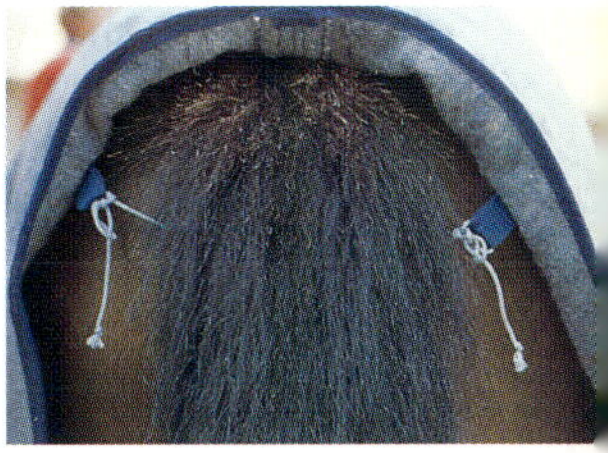

So sitzt der Schweifriemen richtig

lang der Rückenlinie. Danach fassen Sie den Rand der Decke mit Baumwollband ein. Es gibt dazu vorgefaltetes Band im Kurzwarenladen, das die Arbeit wesentlich erleichtert.

Schweifriemenhalterung und Brustverschluß der Decke werden am besten aus festem Baumwollband gefertigt. An der Brust wird mittels Zickzackstich ein Schnellverschluß aus dem Kurzwarenladen eingearbeitet. Damit kann die Decke sicherer verschlossen werden, als das mit einfachen Schleifen möglich wäre. Die Schweifriemenhalterungen arbeiten Sie ein, wie das Foto zeigt. Als Schweifriemen dient dann ein Stück Allzweckleine, das daran angeknotet wird.

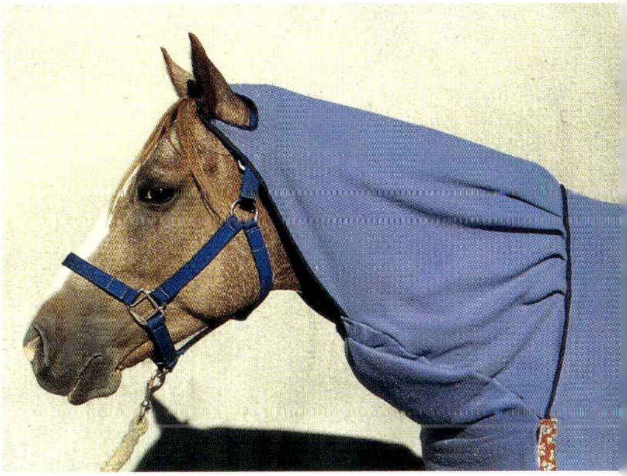

Fliesdecke mit Halsteil

Für die Beinbegurtung ziehen Sie D-Ringe durch Baumwollband und nähen sie an. Auch diese Ringe erhalten Sie in gut sortierten Kurzwarenläden. Die Beinbegurtung selbst können Sie aus Allzweckleine aus dem Bootsbedarf herstellen. Entweder Sie verknoten die Enden einfach, oder Sie bringen Karabinerhaken an, wie bei der Arbeitsanleitung zur Doppellonge erklärt.

Warum nicht mal mit Halsteil?

Ideenreiche Pferdebesitzer können die Arbeitsanweisung für diese Decke natürlich variieren. Hier eine Version in Fliesstoff, der ein Halsteil angefügt ist. Das Ohrteil schützt es vor dem Verrutschen.

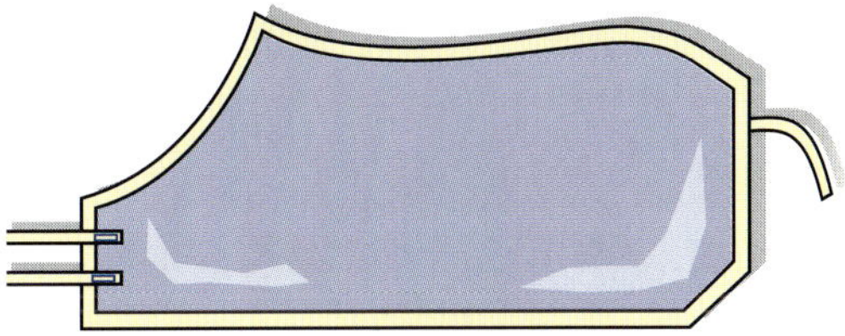

Stalldecke schematisch von der Seite

Die fertige Decke

Verschluß vorne

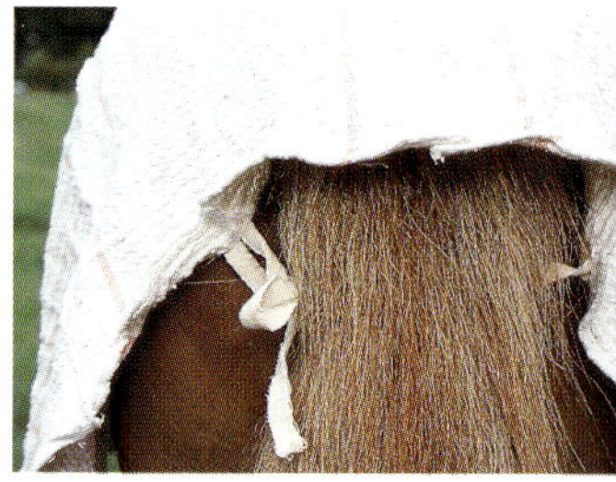

Verschluß hinten

Abschwitzdecke leicht genäht

Auch Nähanfänger dürften mit dieser Abschwitzdecke aus Aufnehmern oder anderen Putzlappen nicht überfordert sein. Die Decke nimmt Feuchtigkeit hervorragend auf, und Ihr Pferd oder Pony trocknet darunter schnell und leicht ab. Da sie wenig Gewicht hat und klein verpackt werden kann, ist sie auch zum Mitnehmen auf Tages- und Wanderritten gut geeignet. Ihr Pferd sollte die Decke allerdings nur tragen, wenn es angebunden ist. Das Material ist nämlich nicht stabil genug, um beim Wälzen zu halten.

Materialbedarf:

12 Aufnehmer, 50 x 60
Stoffrest fester Stoff
Nähgarn für Nähmaschine
Breite, nicht zu glatte Bänder zum Schließen

Zunächst nähen Sie die Aufnehmer aneinander. Sie sollen sich ca. 2 cm überlappen. Die beiden vorderen Aufnehmer werden zum Halseinschnitt umgeklappt und vernäht.

Für den Schweifriemen werden an der hinteren Deckenkante, in jeweils ca. 10 cm Abstand von der Mittellinie eine Schlaufe und ein ca. 40 cm langes Bändchen angebracht.

Zuletzt nähen Sie die Bänder an das Brustteil der Decke. Da die Decke in Einheitsgröße gehalten ist, ist das Brustteil für Ponys und Großpferde nicht gleichermaßen passend. Bei Ponys kann es sich beim Schließen überlappen, während bei manchen Großpferden die Bänder länger gewählt werden müssen, weil es nicht ganz abschließt. Die Decke kann dann mit einer Schlaufe geschlossen werden.

Wann braucht Ihr Pferd eine Decke?

Ob und wann ein Pferd eingedeckt werden muß, hängt von seiner Haltung und von seinem Reiteinsatz ab. Ein Stallpferd, mit dem Sie nur zwischen Stall und Halle pendeln, benötigt keine dicke Winterdecke. Eine leichte Abschwitzdecke, z. B. aus Aufnehmern selbst hergestellt, genügt, um es nach dem Reiten im Winter vor dem Frieren zu schützen. Fahren Sie allerdings regelmäßig mit ihm zur Reitstunde in einen anderen Stall, so braucht gerade das Stallpferd während des Transports mehr Schutz vor Kälte und Zugluft, also zum Beispiel eine Wolldecke. Ein Offenstall, bzw. Weidepferd, das nur sonntags geritten wird, braucht meist gar keine Decke. Da es nur bei trockenem Wetter gearbeitet wird und dabei auch selten stark ins Schwitzen kommt, genügt sein gesundes Sommer- oder Winterfell zur Wärmehaltung.

Größte Ansprüche in Sachen Eindecken hat dagegen ein artgerecht gehaltenes Pferd, das viel und auch schweißtreibend geritten wird. Nach einem Ritt im Regen muß es im Winter wie im Sommer trocken werden, bevor es wieder auf die Weide oder in den Auslauf darf: Es muß also eine Zeit im Stall verbringen, oder es braucht seinen »tragbaren Stall«, die wasserdichte Neuseelanddecke. Das traditionelle Segeltuchmodell hat sich allen moderneren Materialien zum Trotz am besten dabei bewährt, einem Pferd gleichzeitig Auslauf und Wetterschutz zu bieten.

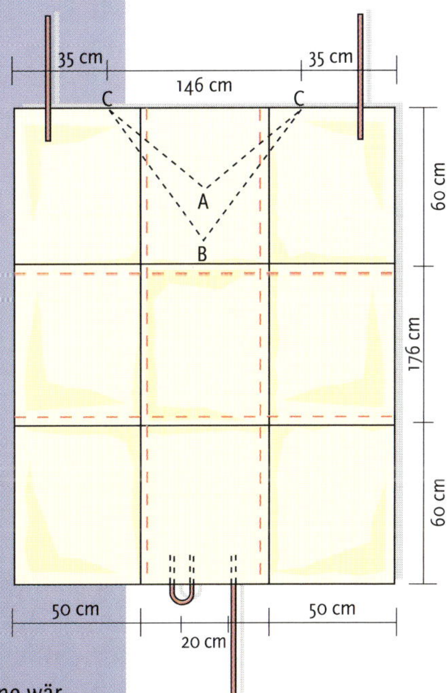

Für gelegentliche Reitkurse, während derer es in der Box steht oder für die Hängerfahrt nach der Reitstunde im Sommer, braucht auch das artgerecht gehaltene Pferd eine leichte Abschwitzdecke, bzw. eine dickere Decke für den Winter. Machen Sie sich keine Sorgen darum, Ihr Pferd damit zu sehr zu »verpimpeln«. Ihr Haflinger, Isländer oder Norweger kann noch so robust sein: Auf stundenlange Trab- und Galoppstrecken im Winter hat ihn die Natur nicht vorbereitet. Wenn sein Pelz verklebt, läßt er Kälte und Nässe durch. Bis das Pferd wieder trocken ist, benötigt es dann dringend eine wärmende Decke zum Schutz. Achten Sie in diesem Fall aber auf Materialien, die guten Feuchtigkeitstransport gewährleisten. Wenn sich die Decke nur mit Schweiß vollsaugt und dann naß auf dem Pferd liegen bleibt, ist nichts gewonnen.

PROFI·TIP

Stefanie Tücking

Natürlich läßt sich auch ein altes Halfter zum Fliegengitter umfunktionieren. Dazu bringen Sie lediglich einen Stirnriemen und einen stabilisierenden Riemen am Nackenstück an und befestigen den Fliegenstoff wie oben. Sie müssen ihn dann allerdings per Hand fixieren, denn vor einem stabilen Gurthalfter kapituliert jede Nähmaschine. Ein weiterer Nachteil: Im Gegensatz zum Fliegenschutz aus Gurtband reißt das Nylonhalfter nicht so schnell, wenn das Pferd damit irgendwo hängen bleibt. Insbesondere Fohlen, Jungpferde und besonders verspielte Tiere sollte man deshalb auf keinen Fall unbeaufsichtigt damit auf die Weide lassen.

Verbindung von Stirnriemen und Nacken – Kehlteil

Gurtschlaufen auf Gummiband

Fliegenschutz

Fliegen im Augenbereich sind eine Sommerplage für Weidepferde und verursachen oft genug Bindehautentzündungen. Dieser praktische Fliegenschutz ist amerikanischen Modellen nachempfunden und hält ohne Halfter am Pferdekopf.

Variante 1

Materialbedarf:

Festes Gurtband, Meterzahl je nach Größe des Pferdes. Sie ermitteln das mit Hilfe der Zeichnung:

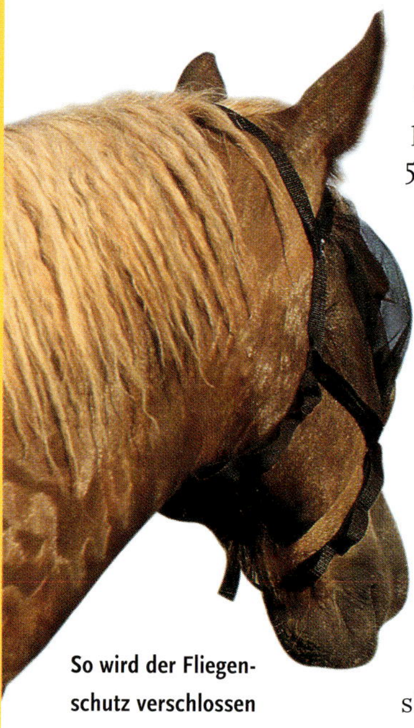

So wird der Fliegenschutz verschlossen

Verschluß bis C-B-A bis Verschluß – Meßwert plus 3 cm (für das Annähen der oberen Verschlußseite) plus 5 cm (für den Gummizug) plus 5 cm (für die untere Verschlußseite). Soll der Fliegenschutz mehreren Pferden passen, rechnen Sie zusätzlich 10 bis 20 cm Gurtband zum Verstellen ein.

A-D-C – Meßwert

B-C – Meßwert

E-F – Meßwert mal 2

Nasenteil – Meßwert plus 3 cm (für das Annähen der oberen Verschlußseite) plus 5 cm (für den Gummizug) plus 5 cm (für die untere Verschlußseite). Auch hier sollten 10 – 20 cm Gurtband zusätzlich eingerechnet werden, falls

der Fliegenschutz verstellbar gestaltet werden soll.
Zwei Schnellverschlüsse, passend zum Gurtband
Breites Gummiband, Breite wie Gurtband, 2 x 30 cm
Nähgarn
Fliegengitterstoff, auch Tüll ist brauchbar

Sie beginnen die Arbeit an diesem Fliegenschutz am Nakken-Kehlteil, das aus einem Stück Gurtband gestaltet wird. Fügen Sie bei den Punkten A und C jeweils einen kleinen Abnäher ein, wie die Detailzeichnung zeigt, damit der Kehlriemen etwas nach hinten abgewinkelt wird. Achten Sie unbedingt darauf, unterhalb

Gut geschützt auf der Weide

Anpassen des Stirnteils

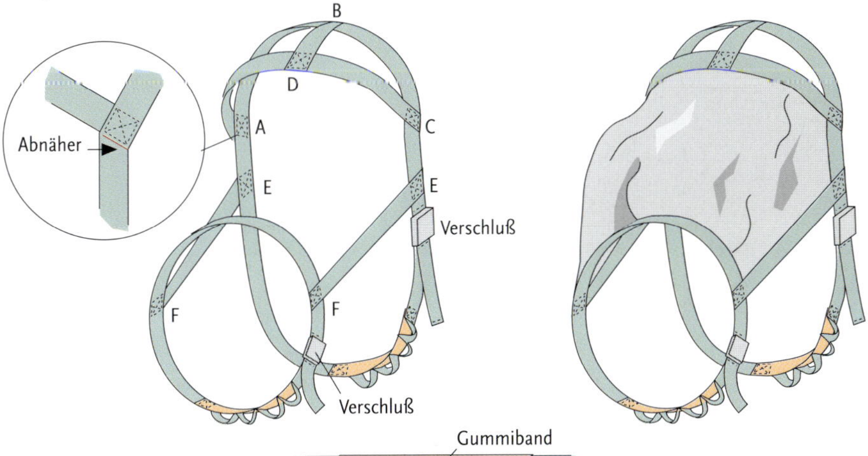

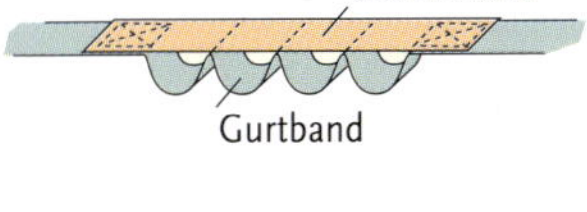

von C genügend Band für die Strecke C-E-Verschluß frei zu lassen. Der Stirnriemen (A-D-C) wird an den Ecken angeschrägt und so mit dem Nacken-Kehlteil verbunden, daß sich eine Y-Form ergibt (siehe Detailzeichnung). Nähen Sie nun den Riemen D-B, der später zwischen den Pferdeohren sitzt und dem Kopfteil mehr Stabilität verleihen soll, mittig zwischen A-B-C und A-D-C an. Die Seitenteile (E-F) werden ca. 5 (bei kleinen Ponies) – 11 (bei extragroßen Kaltblutpferden) cm unterhalb von A und C so befestigt, daß ein rechter Winkel entsteht. Daran fügen Sie den Nasenriemen an, wobei unbedingt darauf zu achten ist, daß unterhalb von F auf der rechten Seite 6 – 8 cm Gurtband für den Verschluß frei bleiben.

Erstes Anpassen zum Festlegen der Abnäher

Details für Variante 2:

Die fertigen Abnäher

Schneiden der Schrägstreifen

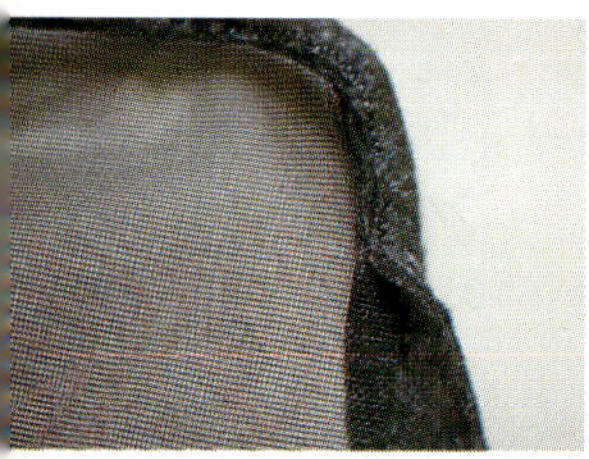

Einfassen des Fliegengitters mit Stoff

Damit der Fliegenschutz sicher sitzt, dem Pferd aber trotzdem ausreichend Bewegungsfreiheit läßt, werden nun Gummizüge an den Unterseiten des Nasen- und Kehlriemens genäht. Das Gummiband wählen Sie etwa 5 cm kürzer als das Gurtband. Es wird so aufgenäht, daß 3 – 4 kleine Gurtschlaufen entstehen (siehe Foto auf S. 82), die bei Zug des Gummis verschwinden. Eine ausschließliche Verwendung von Gummiband hat sich hier nicht bewährt. Wenn die Dehnbarkeit des Fliegenschutzes nicht begrenzt wird, leiert das »Mützchen« bald aus, bzw. ist von den Pferden zu leicht auszuziehen.

Schneiden Sie nun ein großes Rechteck aus dem Fliegenstoff, dessen eine Seite gut 20 cm breiter sein muß als die Strecke E rechts-A-D-C-E links. Die zweite Seite sollte 20 cm länger sein als der Abstand zwischen Stirn und Nasenriemen. Der Stoff wird dann in Falten gelegt oder gekräuselt und mit großen Stichen auf das Gurtband von Hand aufgereiht.

Probieren Sie dem Pferd den Fliegenschutz unbedingt an, bevor Sie den Stoff endgültig aufsteppen. Wenn er paßt, werden die Falten oder Kräusel mit Zickzack-Stichen flach auf dem Gurtband fixiert.

Für Entfesselungskünstler: Befestigungsmöglichkeit am Halfter

Hier wird der Verschluß angebracht

Variante 2

- **Materialbedarf:**

Fliegenschutzgitterstoff für Fenster, Meterware aus dem Baumarkt
Fester Wollstoff oder Teddystoff zum Umranden
ca. 1 m Klettband oder 2 Schnellverschlüsse und Gurtband

Der fertige Fliegenschutz

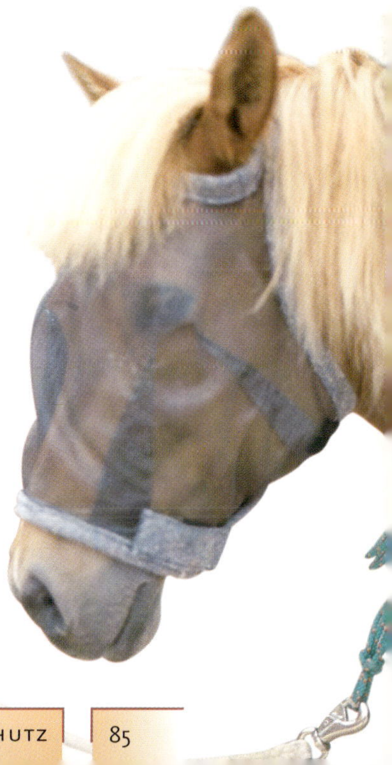

Schneiden Sie den Fliegengitterstoff zunächst provisorisch zu und schneiden ein ovales Ohrloch aus (beide Ohren müssen hindurch passen). Dann können Sie es Ihrem Pferd oder Pony anpassen, wie Sie auf dem Foto sehen. Die späteren Abnäher werden mit Klebeband fixiert. Sie beginnen im Nasenbereich und laufen unterhalb der Augen aus. Die fertigen Abnäher sehen Sie auf dem Detailfoto. Erst nachdem der Stoff mit Abnähern versehen ist, wird er endgültig zugeschnitten. Am besten legen Sie ihn dem Pferd dazu nochmal an und markieren mit Kreide. Es ist wichtig, daß dieser Fliegenschutz ganz individuell auf Ihr Pferd zugeschnitten ist, sonst sitzt er später nicht wirklich sicher. Schneiden Sie nun Schrägbänder aus dem Woll- oder Teddystoff und fassen das Fliegengitter damit ein. Unter dem Kinn und im Kehlgangbereich werden Klettverschlüsse (ein breiter oder zwei schmalere) angebracht. Auch sie gewinnen durch Aufnähen auf den Wollstoff deutlich mehr Stabilität. Hat man ein Pferd, das Klettbandgeräusche sehr fürchtet, kann man statt dessen natürlich auch Gurtband und Schnellverschlüsse anbringen.

Ordnung in der Sattelkammer

▸ Trensenhalterung mit Pfiff

Aus einer Kaffeedose entsteht diese praktische Aufhängevorrichtung für Trensen. Sie bietet nicht nur die Möglichkeit, Zäumungen und Halfter sachgerecht aufzuhängen, sondern auch Kleinigkeiten und Zubehör zu verstauen.

▸ Materialbedarf:

Kaffeedose/n oder andere 250 g-Dose/n mit Plastikverschluß
3 Schrauben mit Unterlegscheiben und evt. Dübel
Farbiger Lack, der auf Metall haftet
Schleifpapier

Zunächst schleifen Sie die Kaffeedosen mit Schleifpapier ab und lackieren sie. Nach dem Trocknen versehen Sie den Boden mit drei Löchern, durch die später die Schrauben gesteckt werden. Dazu stülpen Sie die Dose einfach über einen Holzklotz und schlagen Nägel an den vorher markierten Stellen ein.

Die Schrauben werden nun durch die Unterlegscheiben und die Löcher gesteckt. Anschließend können die Dosen mit Hilfe eines langen Schraubenziehers an der Wand befestigt werden. Bei Beton- oder anderen harten Wänden muß natürlich vorgebohrt und gedübelt werden.

Hängt die Dose, so können Sie den Plastikdeckel wieder aufstülpen. Der Innenraum bietet Platz für Kleinigkeiten (Kinnriemen, weitere Trense o. ä.), die sonst gern verlorengehen. Natürlich können Sie den Deckel auch bekleben oder mit dem Namen des Pferdes versehen. Wasserfeste Filzstifte haften fast immer. Auch hier können Sie Ihre Phantasie spielen lassen.

rial aus dem Baumarkt

So wird das Rohr ausgeschnitten

Einschneiden des Teppichbodenrestes an den »Beinlöchern«

▸ Sattelständer schnell gebaut

Ein Sattelbock zur sachgerechten Aufbewahrung von Sätteln oder zum Sattelputzen gehört in jeden Stall. Wenn er zudem noch zusammenklappbar ist, bewährt er sich auch auf Turnieren und Distanzritten. Das hier vorgestellte Modell ist nicht nur leicht und praktisch, sondern auch schnell auf- und wieder abgebaut. Das dazu nötige Material ist preiswert in jedem Baumarkt erhältlich.

▸ **Materialbedarf:**

Ein klappbarer Holzbock (zum Aufbau von Tapeziertischen o. ä.) aus dem Heimwerkerbedarf
Ein PVC-Rohr, Durchmesser 20 cm, 20 cm länger als der Holzbock
Teppichbodenrest zum Verkleiden des Rohres
Metallbohrer, Elektrische Stichsäge.

Das PVC-Rohr wird zunächst mit der Stichsäge passend zum Holzbock ausgeschnitten, wie das Foto zeigt. Es hat sich dabei bewährt, die Eckpunkte vor dem Aussägen mit dem Metallbohrer vorzubohren.

Versehen Sie das Rohr mit einer Auflage aus Teppichboden, der mit 2-Komponentenkleber fixiert wird. Der Sattel liegt dann sicherer und kann nicht so leicht verrutschen. An den »Beinlöchern« für den Holzbock braucht der Teppichboden nicht genau zugeschnitten zu werden. Es genügt, ihn einzuschneiden, wie das Foto zeigt. Beim Aufsetzen auf den Bock drückt sich der Teppichboden dann automatisch nach innen. Das sieht gut aus und erhöht die Stabilität des Ständers.

Der fertige Sattelständer

Ideen für Weidepferde

Salzlecksteinhalter

In Stall und Weide sollte Pferden ständig ein Salzleckstein zur Verfügung stehen. Besonders auf der Weide stellt sich dabei aber oft das Problem der regensicheren Unterbringung des Lecksteins, da die meisten handelsüblichen Halterungen keine »Überdachung« aufweisen. Eine Lösung bietet diese preiswerte und regensichere, selbst erstellte Halterung aus einem Plastikkanister.

Materialbedarf:

Ein viereckiger 20-Liter-Kanister (Maße etwa 20 x 25 x 40 cm, auch größere Kanister sind geeignet. Kleinere empfehlen sich nicht so sehr, da sie oft nicht über genügend Stabilität verfügen und sich unter dem Gewicht des Lecksteins und die Einwirkung der Pferde auf die Dauer verformen).

Scharfes Messer, Feile

Auch Weidepferde brauchen einen Salzleckstein, den sie jederzeit erreichen können

Stellen Sie den Kanister zum Zuschneiden so auf, daß der Griff oben ist. Daran wird die Lecksteinhalterung nämlich später in den Stall oder an einen Baum gehängt.

Nun schneiden Sie eine viereckige Öffnung in die Vorderseite des Kanisters. Dabei bleibt an den Seiten ein Rand von etwa 3 cm, oben einer von 5 cm und unten von 10 cm stehen. Die Ecken werden abgerundet. Damit sich an den Schnittstellen kein Pferd verletzt, feilen Sie sie rund.

Nun brauchen Sie den Boden des Kanisters nur noch mit ein paar Löchern zu versehen, damit eventuell eingelaufenes Wasser abfließen kann. Schon ist die Lecksteinhalterung fertig und kann in Betrieb genommen werden.

Ganz einfach! So wird der Kanister ausgeschnitten

Praktische Kanister

Ausgediente Kanister erweisen sich in vieler Hinsicht als Ausgangsmaterialien für Basteleien. Hier ein Griffteil, das durch einfaches Abschneiden zur Futterschaufel umfunktioniert wurde. Zur Sicherheit kann vorher der Schnittverlauf eingezeichnet werden.

Achten Sie aber bitte auch hier darauf, die Kanten mit der Feile sorgfältig abzurunden!

Der fertige Lecksteinhalter

Kanister als Futterschaufel

Sommerekzem

Beim Sommerekzem handelt es sich um eine Allergie gegen die Stiche der Kriebelmücke. Diese kleinen, mitunter kaum sichtbaren Stechinsekten sind vor allem in der Zeit von Sonnenaufgang und Sonnenuntergang aktiv, und auch viele Menschen reagieren mit Pustelbildung und Juckreiz auf ihre Stiche. Vom Sommerekzem befallene Pferde leiden unter starkem Juckreiz vorwiegend im Mähnen-Schweifbereich. Schwere Ekzemer können aber auch am ganzen Körper befallen werden und scheuern sich zum Teil bis aufs Blut. Eine »Patentbehandlung« gegen das Sommerekzem ist noch nicht erfunden. Wer mit einem Ekzemer »gesegnet ist« muß sich durch die Produkt- und Therapiepalette, die u. a. verschiedene Lotionen, Kräuterwürfel, Homöopathische Mittel und Eigenblutbehandlung umfaßt, hindurchprobieren, bis er die für sein Pferd individuell passende Behandlung gefunden hat. Auf jeden Fall sollte dem Pferd immer ein Stall zur Verfügung stehen, in den es vor den Kriebelmücken flüchten kann.

Pferde suchen sich geeignete Stellen zum Scheuern

Sommerekzem gilt als spezielle Islandpferdekrankheit, weil Importisländer mit einer Wahrscheinlichkeit von bis zu 80 Prozent davon befallen werden. Erst der Import von Islandpferden und ihre robuste Haltung auf dem Kontinent machte die Krankheit bekannt – womit allerdings nicht gesagt sein soll, daß es sie vorher nicht gab! Die wenigen Leute, die ihre Pferde damals Tag und Nacht auf der Weide hielten, hatten dafür nur andere Namen. So war z. B. die fälschliche Bezeichnung »Sommerräude« (Korrekt meint »Räude« immer einen Milbenbefall) gebräuchlich. Mit dem Siegeszug der Robusthaltung auch für andere Pferderassen als Isländer trat das Sommerekzem allgemein häufiger auf – während es sich in der zweiten Isländergeneration schon deutlich reduzierte. Ob tatsächlich weitere Umweltfaktoren für die Zunahme dieser Allergieerkrankung verantwortlich sind, ist bis jetzt nicht eindeutig geklärt.

Scheuerbaum mit altem Putzzeug

Weidepferde leiden oft unter juckendem Fell und suchen dann nach einer geeigneten Möglichkeit zum Scheuern. Dabei leidet ihr Mähnen- und Schweifhaar oft unter dem Scheuern an harter Baumrinde. Wird dagegen ein Zaunpfahl verwendet, so gerät oft der ganze Zaunaufbau in Gefahr. Kluge Pferdefreunde sorgen deshalb rechtzeitig für einen geeigneten Scheuerbaum, zum Beispiel einen dicken, glatten Zaunpfahl, der 1–1,5 m hoch aus der Erde ragt. Er muß mindestens 60 cm tief ins Erdreich eingelassen sein, damit er dem Druck der scheuernden Pferde standhält. Noch besser ist ein gewachsener Baumstamm. Falls also ein Baum auf der Weide oder im Auslauf gefällt werden muß, lassen Sie den Stamm entsprechend hoch stehen.

Scheuerbaum mit altem Putzzeug

Den so gesetzten Scheuerbaum gestalten Sie attraktiver für die Pferde und schonender für ihr Fell, indem Sie ihn mit überflüssigem Putzzeug versehen. In fast jedem Stall finden sich doch alte Bürsten, Metallstriegel mit gerissenen Halteriemchen oder ausgediente Finnenstriegel. Die können Sie an Ihren Scheuerbaum nageln oder schrauben. Aber Achtung: Falls Ihr Pferd oder Pony an Sommerekzem leidet, kann es sich an Metallstriegeln genauso blutig scheuern wie an Baumrinde. Stellen Sie ihm in einem solchen Fall nur harte Bürsten zur Verfügung und sorgen Sie durch regelmäßige Einreibung mit Salben für eine Minderung des Juckreizes.

So bleibt der Schlauch im Wasserbecken

So bleibt der Schlauch im Wasserbecken

Idee für die Weidetränke: Ein Siphon aus dem Baumarkt hält den Schlauch sicher im Wasserbecken.

Stangen im vielseitigen Einsatz

Im Labyrinth

▸ Bodenhindernisse aus Dachlatten

Bodenhindernisse wie das L beim Westernreiten, das U oder das Labyrinth werden meist aus Stangen zusammengefügt. Das hat allerdings einige Nachteile, denn wenn man wirklich gut sichtbare Hindernisse aufbauen will, muß man mit relativ dicken und folglich sehr schweren Stangen arbeiten. Einfacher zu transportieren und hervorragend sichtbar sind die hier vorgestellten Lattenkonstruktionen.

Dachlatten auf dem Füßchen

▸ **Materialbedarf für 6 Stangen:**

12 Dachlatten 4 x 6 cm, 3 m lang
12 Abschnitte von Dachlatten 20 cm, 4 x 6 cm
60 mm Holzschrauben, 8 pro Stange
80 mm Holzschrauben zur Befestigung der Füße
weiße Außenfarbe

Anstreichen kinderleicht

Schrauben Sie zunächst 2 Dachlatten aufeinander, wobei Sie darauf achten, daß keine Astlöcher aneinander zu liegen kommen. Ansonsten entsteht nämlich eine Schwachstelle, an der die Latte bei der geringsten Belastung bricht. Sägen Sie dann zwei 20 cm lange »Füßchen« vom Ende einer Dachlatte und legen die Stange darauf quer. Das Ganze wird fixiert, indem Sie die Latte von unten mit zwei Schrauben an den »Füßchen« befestigen. Zuletzt wird die Stange – zur Verschönerung und auch zur Imprägnierung – mit weißer Außenfarbe gestrichen.

▸ Slalomstangen aus Pflanzstäben

Für Reiterspiele, aber auch für die tägliche Gymnastizierung auf dem Reitplatz ist das Umreiten von Stangen eine gute Übung.

Praktisch, am Griff des Kanisters leicht transportierbar und schnell aufzustellen sind diese Slalomstangen aus Pflanzstäben.

Slalomstangen im Einsatz

▸ Materialbedarf pro Stange:

Pflanzstab von mindestens 2,40 m, besser 2,70 m Höhe, erhältlich im Landhandel und Gartenbedarf.
Ein Kanister
Ein Tennisball
Zement

Der Kanister wird mit Sand gefüllt und in der Mitte mit einem Loch versehen. Da hinein stellen Sie den Pflanzstab. Er benötigt einen schweren Fuß, auf dem er sicher steht. Ist das Loch groß genug, ist es praktischer, erst den Stab hineinzustellen und danach den Sand einzufüllen. Achten Sie besonders beim Gebrauch auf Grasplätzen auf die Verwendung eines großen Kanisters, auch wenn das Ganze dadurch etwas schwerer wird. Der Stab findet hier schließlich nicht, wie bei Sandplätzen, zusätzlichen Halt im Untergrund.

So steht die Stange im Kanister

Um Unfälle durch die Spitzen der Slalomstangen zu vermeiden, ist es sinnvoll, möglichst hohe Pflanzstangen zu wählen. Dazuhin kann die Spitze durch das Aufsetzen eines Tennisballs, der mit Montageschaum befestigt wird, abgerundet werden.

Wilko
Maren

Geschenke für Pferd und Reiter

»Ein eigenes Pony!« – Immer wieder findet sich dieser Traum auf den Wunschzetteln pferdebegeisterter Kinder. Klar, daß er nur selten in Erfüllung geht. Aber manchmal kann man der Sehnsucht der kleinen Pferdefreunde auch mit einfacheren Dingen entgegenkommen. Eine Geburtstagstafel mit Dekorationen rund ums Pferd zum Beispiel, oder Anstecknadeln und Haarspangen mit Pferdemotiven. Und wenn es denn schon kein lebendiges Pferd sein kann, so bietet doch auch das kuschelige Häkelpony Gelegenheit zum Träumen und Liebhaben.

Auch Pferdebesitzern, die »eigentlich schon alles haben«, dürften Dinge wie der spanisch angehauchte Trensenschmuck aus Pferdehaar oder ein individuell gestaltetes Namensschild für den Pferdestall besonders gefallen. Funktionalität ist schließlich nicht alles im Pferdebereich: Das Auge reitet mit, und wer sein Pferd oder Pony liebt, wird es immer gern schmücken und verwöhnen.

Aus letzterem Grund haben wir beim Thema »Geschenktips« natürlich auch an die Vierbeiner gedacht: Gesunde Leckerbissen selbst gebacken sind die Nummer eins auf dem Wunschzettel aller Pferde!

Originelle Ideen für Pferdefreunde

▸ Pferdeleckerli selber backen

Selbstgebackene Pferdeleckerbissen sind originelle Geschenke für Pferde und Pferdefreunde. Die Zutaten für diese vitaminreichen Leckerbissen erhalten Sie in jedem Supermarkt, und ein Vorrat für mehrere Tage ist in etwa einer halben Stunde erstellt.

Hier eine bunte Mischung:

Vollkornleckerli

225 g Zuckerrübensirup, 200 g Weizenvollkornmehl oder dunkles Weizenmehl, 150 g Vollkornhaferflocken

Bananenleckerli

225 g Zuckerrübensirup, 200 g Weizenvollkornmehl oder dunkles Weizenmehl, 100 g Bananenchips

Leinsamenleckerli

225 g Zuckerrübensirup, 200 g Weizenvollkornmehl oder dunkles Weizenmehl, 100 – 150 g Leinsamen

Leckere Zutaten

Portionsgerecht schneiden

Rote-Beete-Leckerli

100 g Zuckerrübensirup, 50 – 100 ml Rote-Beete-Saft, 200 g Weizenvollkornmehl, 150 g Vollkornhaferflocken

Kräuter-Leckerli

225 g Zuckerrübensirup, 200 g

Füttern aus der Hand?

Unter Reitern und Pferdeausbildern ist es heiß umstritten: Darf ich ein Pferd aus der Hand belohnen, wenn es etwas richtig gemacht hat, oder erziehe ich es damit zum Bettler und Beißer? Immer wieder begegnet man Menschen, die ihre Pferde praktisch ständig mit Leckerli vollstopfen, während andere die ohnehin schon seltene Belohnung grundsätzlich in den Futtertrog legen oder in einer neben dem Reitplatz deponierten Plastikschüssel »servieren«.

Wie bei fast allen Streitfragen rund ums Pferd liegt die Antwort in der Mitte: Weder ständiges Füttern als Bestechung noch absolute »Enthaltsamkeit« tun Pferd und Menschen gut. Natürlich darf das Wohlverhalten des Pferdes nicht allein von Futtergaben abhängig werden. Andererseits macht eine gelegentliche Belohnung das Pferd sicher nicht zum Bettler und erst recht nicht zum Beißer. Halten Sie sich beim Belohnen Ihres Pferdes einfach an folgende Regeln:

Backen macht Spaß

- Ihr Pferd hat kein Anrecht auf ein Leckerli, nur weil es da ist. Belohnen Sie es ausschließlich, wenn es wirklich etwas Besonderes getan hat.
- Belohnen Sie Ihr Pferd nur, wenn es etwas auf Anweisung hin getan hat. Sonst haben Sie bald einen Clown, der Ihnen ungefragt ein Zirkuskunststück (oder eine andere Leistung) nach dem anderen vorführt, um Aufmerksamkeit zu erregen.
- Bestrafen Sie Betteleien nicht, aber sehen sie souverän darüber hinweg. Wenn das Pferd einmal etwas bekommen hat, nur weil es die Leckerli in Ihrer Tasche »gefunden« und Sie daraufhin nachdrücklich angestoßen hat, wird es immer wieder »nachfragen«.
- Füttern Sie Ihr Pferd nicht aus der Hand, wenn es in einer Gruppe anderer Pferde steht. Es ist mehr als fahrlässig, sich mit der Leckerlitüte in eine Herde gieriger Pferde zu begeben. Bei den daraufhin unweigerlich ausbrechenden Rangstreitereien könnten Sie zu Schaden kommen. Holen Sie Ihr Pferd also erst von der Weide und belohnen Sie es für sein braves Kommen, wenn Sie das Zauntor hinter sich geschlossen haben.

Weizenvollkornmehl, 100 g Vollkornhaferflocken, ca. 100 g Hustenkräuter (Abmessung nach dem gleichen Maß wie die Haferflocken)

Mais-Leckerli

225 g Zuckerrübensirup, 200 g Maismehl, 150 g Vollkornhaferflocken

Die Zutaten werden vermischt und zu einem gut formbaren Teig verknetet. Wird der Teig zu fest, fügen Sie etwas Wasser oder Saft hinzu, bleibt er zu lose, etwas Mehl. Formen Sie ihn dann zu einer etwa fingerdicken Rolle und schneiden Sie etwa 2 cm lange Stücke ab. Die Stücke kommen auf ein mit Backpapier ausgelegtes Backblech. Da sie nicht aufgehen und sich beim Backen auch nicht anderweitig verformen, können Sie sie dicht nebeneinanderlegen. Im vorgeheizten Ofen bei 180 Grad C etwa 10 Minuten backen bis die Leckerli hart sind.

Bitte erst nach zwei Tagen in größeren Mengen verfüttern!

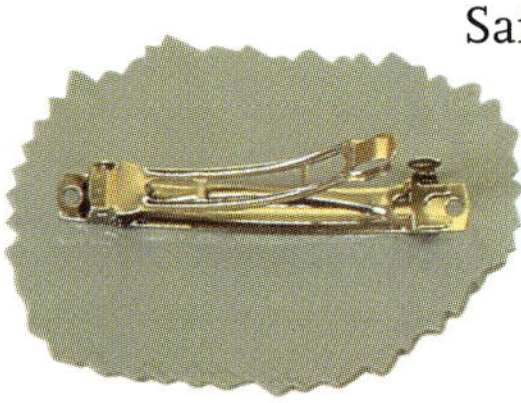

Die Basisplatte wird an der Haarspange mit Kleber fixiert

▸ Anstecknadeln und Haarschmuck

Besonders junge Pferdefreunde tragen gern Schmuck mit Pferdemotiven. Sicher machen Sie ihnen eine große Freude mit Anstecknadeln oder Haarschmuck aus Fimomasse oder Moosgummi. Sie können dabei nach unseren Vorlagen auf S. 98/99 arbeiten, oder auch selbst Vorlagen aus Büchern auswählen und durch

Bunte Haarspangen phantasievoll gestaltet

Abpausen kopieren. Falls Sie mit Fimomasse arbeiten wollen, empfehlen sich allerdings Ponymotive. Die damit dargestellten Pferdchen werden nämlich unweigerlich etwas rundlich und kurzbeinig ausfallen, da dünne Pferdebeine aus Fimo-Masse zu leicht brechen. Moosgummi als Ausgangsmaterial für die Motive bietet weniger Reliefcharakter, ist dafür aber sehr einfach zu verarbeiten. Insofern können hier schon die Kleinsten mitbasteln.

Schmuck aus Fimo-Masse

Fimo-Masse eignet sich eher für die Gestaltung von Ansteckadeln als für Haarspangen. Die daraus entstehenden Schmuckgegenstände sind nämlich recht schwer, und man braucht schon festes Haar, damit eine Fimo-Spange genügend Halt findet.

- **Materialbedarf:**
  Anstecknadel oder Haarspange zum Bekleben aus dem Bastelbedarf
  Zweikomponentenkleber
  Fimo-Bastelmasse, 2 Farben (Mähne/Schweif, Körper)
  Als Vorlage dienen z. B. die Pferdemotive auf S. 98/99

PROFI·TIP

Stefanie Tücking

Die Erstellung von Schablonen zum Ausschneiden der Motive aus Papier oder Moosgummi kann man sich sparen, indem man das Bild mittels Kopierpapier überträgt. Sowohl von jedem Papier aus als auch vom Moosgummi kann man die Spuren später leicht mit einem Radiergummi entfernen. Kopierpapier erhält man im Bastelbedarf oder – preisgünstiger – im Schneiderbedarf.

Übertragen Sie zunächst Ihr Wunschmotiv auf die Größe von etwa 8 – 6 cm. Dann rollen Sie die Fimo-Masse ca. 1 cm dick aus und schneiden Pferdekörper, Mähne und Schweif mit dem Messer aus.

Nun bearbeiten Sie Ihr Pferdchen, indem Sie die Konturen abrunden und auch sonst Rundungen anbringen, die dem Pferdekörper entsprechen. Modellieren Sie Nüstern und Augen mit Hilfe eines Nagels oder eines anderen spitzen Gegenstandes. Die Fimo-Masse bietet die Möglichkeit einer reliefartigen Struktur des Schmuckstücks, und das sollte natürlich so weit wie möglich genutzt werden.

Auch Mähne und Schweif des Pferdchens werden so geformt und schließlich auf den Pferdekörper gedrückt. Bei der Gestaltung des Langhaars Ihres Pferdchens sind Ihnen im übrigen keine künstlerischen Grenzen gesetzt. Sie können es ruhig dicker und länger gestalten als auf unseren Vorlagen oder mit Glitzerelementen (hitzebeständige sind im Bastelbedarf erhältlich) »aufpeppen«.

Die Fimo-Masse wird dann entsprechend den Packungshinweisen im Backofen gebrannt und nach dem Abkühlen mit der Anstecknadel oder der Haarspange aus dem Bastelgeschäft versehen. Nach Wunsch kann sie auch noch bemalt oder lackiertt werden.

Schmuck aus Moosgummi

Moosgummi erhalten Sie in vielen Farben im Bastelbedarf. Er kann leicht mit der Schere ausgeschnitten und mit Filzschreibern bemalt werden.

Materialbedarf:

Anstecknadel oder Haarspange zum Bekleben aus dem Bastelbedarf
Uhu hart oder ein vergleichbarer Kleber
Moosgummi in beliebig vielen Farben
Als Vorlagen können alle Motive aus diesem Buch dienen, sowie selbst kopierte oder frei gemalte Pferdemotive

Entscheiden Sie sich zunächst für eine rechteckige, quadratische, runde oder ovale Form Ihres Schmuckgegenstandes und

Ganz einfach: Abpausen

schneiden eine Basisplatte in der von Ihnen gewünschten Größe aus. Vergrößern oder verkleinern Sie dann die gewünschten Vorlagen passend zu der Basis und erstellen für die Einzelteile Schablonen aus Papier. Mit ihrer Hilfe werden die Motive dann auf den Tonkarton übertragen und ausgeschnitten. Dann kleben Sie sie mit Uhu hart auf die Basisplatte. Natürlich erhält man bei der Arbeit mit Moosgummi keinen so deutlichen Reliefcharakter wie beim Basteln mit Fimo. Einige Effekte erzielt man jedoch, indem man das Pferdchen z. B. in zwei Lagen ausschneidet (etwa nach den Vorlagen für das Mobile auf S. 106 oder die Trinkhalme auf S. 102) und damit die Beinpaare etwas voneinander abhebt, oder indem man andere Bildteile reliefartig übereinanderklebt wie bei den Anweisungen zur Gestaltung von Fensterbildern auf S. 109.

Zum Schluß können die Pferdchen durch Anzeichnen mit Filzschreiber mit Augen und Nüstern versehen werden. Ist das Motiv fertig geklebt, setzen Sie die Basisplatte auf die Anstecknadel oder Haarspange und fixieren mit Uhu oder Zweikomponentenkleber.

Abpausen – Alte Technik neu entdeckt

Die alte Kopiertechnik des Abpausens ist im Zeitalter des Kopiergeräts weitgehend aus der Mode gekommen. Gerade zur Gestaltung von Motivvorlagen für Schmuck, Fensterbilder und Namensschilder für Pferdeboxen bietet sie sich jedoch an, da sie keine so detailgenauen Kopien bietet und somit zwangsläufig Raum

Material für die Geburtstagstafel

So wird's gemacht!

für eigene Gestaltung und Abrundung der Vorlagen schafft.

Sie brauchen dazu nur Transparentpapier (»Butterbrotpapier«), das Sie über die Abbildung des Wunschmotivs in einem Buch oder einer Zeitschrift legen. Dann werden die Umrisse des Motivs mit Bleistift auf das Transparentpapier übertragen. Dieses Bild schafft dann die Basis für die Erstellung einer Schablone, nach der Sie später das Motiv für die gewünschten Schmuckgegenstände erstellen.

▸ Tischdekoration mit Ponymotiven

So macht Feiern schon im Vorfeld Spaß! Platzkärtchen und Trinkhalme mit bunten Papp-Ponys sind leicht herzustellen und bringen Stimmung in die Geburtstagstafeln junger Pferdefans. Mit ein bißchen Hilfe können hier auch schon die Kleinsten mitbasteln.

▸ **Materialbedarf:**
Verschiedenfarbiger Tonkarton, besonders starker für die Tischkarten. Für die Trinkhalme genügt leichteres Transparentpapier und stärkeres Papier für die Herstellung der Schablonen
Schere oder Bastelmesser
Bleistift und Radiergummi
Plastiktrinkhalme mit Gelenk
Alleskleber

Als Vorlage für die Trinkhalmverzierung dienen die Pferdchen zum Gangpferdemobile auf Seite 106-108 . Für die Platzkärtchen nehmen Sie besser die Vorlagen zur Erstellung von Anstecknadeln auf Seite 98.

Durstlöschen im Galopp!

Die fertigen Platzkarten

Trinkhalmverzierung

Zunächst vergrößern Sie die Vorlagen auf etwa 8 mal 6 cm und fertigen Schablonen an. Wenn es schnell gehen soll, können Sie die Umrisse der Pferdchen auch gleich auf das Papier kopieren. Schneiden Sie die Motive dann aus und bekleben oder bemalen Sie sie nach Belieben. Achten Sie dabei aber darauf, die richtige Seite zu erwischen! Es gibt ja für jedes Pferdchen zwei Teile, zwischen die dann der Trinkhalm geklebt wird. Also lassen Sie die Pferdchen beim Bemalen einmal nach rechts und einmal nach links gucken! Darauf sollten besonders mitbastelnde Kinder – denen ja meistens die Verzierung der fertigen Teile obliegt – hingewiesen werden.

Schließlich kleben Sie den Trinkhalm zwischen die Pferdchen, und zwar so, daß die Motive etwas unterhalb des Knicks sitzen, bei Trinkhalmen ohne Knick unterhalb des oberen Drittels. Halten Sie die Teile etwas fest oder beschweren sie rechts und links des Trinkhalms, bis der Alleskleber getrocknet ist.

So entsteht eine Pferdegirlande

Platzkarten

Vergrößern Sie die Vorlage zunächst auf eine Größe von etwa 12 x 8 cm. Mit einer Schablone werden die Umrisse des Pferdchens auf den festen Tonkarton übertragen und ausgeschnitten. Mähne und Schweif können Sie bemalen oder mit Wollresten bekleben.

Zuletzt wird ein Ständer von etwa 3 x 8 cm Größe ausgeschnitten, mit dem Namen des Gastes versehen und mit dem Pferdchen.

▸ PROFI·TIP

▸ **Stefanie Tücking**

Mit etwas Phantasie finden sich noch verschiedene weitere Möglichkeiten der Tischdekoration mit Pferdemotiven. So können Sie zum Beispiel Platzdeckchen erstellen, indem Sie die Motive aus Folie ausschneiden und auf einen grünen Hintergrund kleben. Wenn Sie dazu feste Folie nehmen, sind die lustigen Sets sogar abwaschbar und wiederverwendbar.

Pferdegirlande als Tischdekoration

Die Erstellung einer solchen »Pferdegirlande« ist der »Hit« für mitbastelnde Kinder. Für die Kleinen hat es schließlich fast etwas Magisches, wenn aus dem einen, ausgeschnittenen Pferdchen beim Auffalten eine ganze Reihe wird!

Schneiden Sie zum Basteln einer Girlande einen etwa 5 cm breiten, möglichst langen Streifen aus etwas festerem Papier bzw. dünnem Karton und falten ihn zieharmonikaartig bis Sie ein Quadrat von etwa 5 mal 5 cm vor sich haben. Das versehen Sie nun mit einem Pferdemotiv, zum Beispiel der Vorlage der Platzkarten. Aber Achtung: Nase und Schweif des Pferdchens müssen mit dem Rand des Papiers abschließen! Schneiden Sie das Pferdchen nun sorgfältig aus, ohne den Papierrand an den Kontaktstellen mit dem Pferdemotiv zu verletzen, und lassen Sie die mitbastelnden Kinder dann die Zieharmonika entfalten. Das Ergebnis ist eine lange Reihe von Pferdchen, die einander ansehen, bzw. aufeinander zu laufen. Die Girlande können die Kinder anschließend nach Belieben bemalen.

Vergrößern und Verkleinern

Die Zeichenvorlagen sind hier mit einem Raster versehen, der es Ihnen ermöglicht, sie nach Belieben zu vergrößern oder zu verkleinern. Der Raster teilt das Bild nämlich in viele Detailbilder auf, die sich leicht nachzeichnen lassen. Wenn Sie beim Raster

Auch eine gute Idee …

Selbstgestalteter Kalender mit Pferdemo

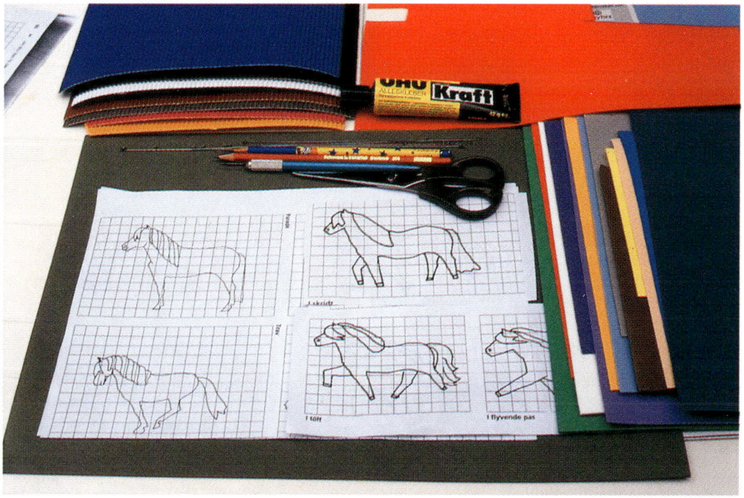

Vergrößern und Verkleinern mittels Rasters

über der Originalzeichnung etwa Quadrate von 3 x 3 cm haben, legen Sie sich für Ihr eigenes Bild z. B. ein ebensolches Gittermuster mit Quadraten von vielleicht 2 x 2 oder 4 x 4 cm an. Nun übertragen Sie die Striche aus jedem einzelnen Quadrat auf Ihre Verkleinerung oder Vergrößerung.

Einfacher erfolgt die Vergrößerung oder Verkleinerung natürlich am Kopierer des nächsten Copy-Shops. Wenn Sie die Vorlage sorgfältig vorbereiten, können Sie sie vielleicht sogar gleich aufs Tonpapier kopieren lassen.

▸ Kreativer Kalender

Blanko-Kalender zum Einkleben von Fotos gibt es in jedem Bastelgeschäft oder Fotoladen. Bei der Gestaltung Ihres ganz besonderen Kalenders müssen Sie sich jedoch nicht auf Fotos beschränken. Auch Zeichnungen oder ausgeschnittene Motive, die man später vorsichtig vom Kalenderblatt ablösen und als Fensterbilder verwenden kann, bereichern das Jahr des Beschenkten. Eine gute Idee ist es auch, im Jahr zuvor jahreszeitlich passende Zeitschriftenartikel auszuschneiden und dann – von Fotomotiven oder Zeichnungen umrahmt – in den Kalender einzukleben. Zu einem sehr persönlichen Geschenk wird es, wenn der Kalender mit Fotos des eigenen Pferdes bestückt ist.

In diesem Mobile vereinigen sich die Gangarten des Pferdes

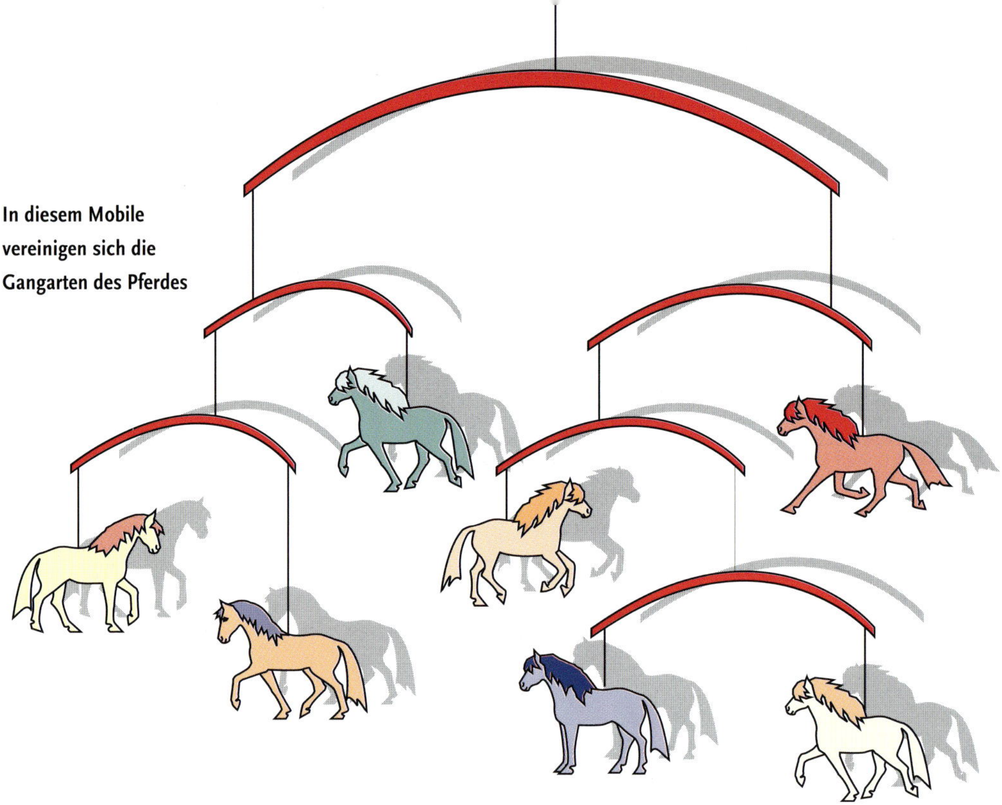

Mobile »Gangarten«

Jeder Windzug im Zimmer bewegt dieses Mobile – und obendrein bekommt der Bewunderer einen Eindruck von den wichtigsten fünf Gangarten: Schritt, Trab, Paß, Galopp und Tölt.

Materialbedarf:

Verschiedenfarbiger Tonkarton 250 g/cm stark oder dünner Moosgummi

Transparentpapier und stärkeres Papier für die Schablonen

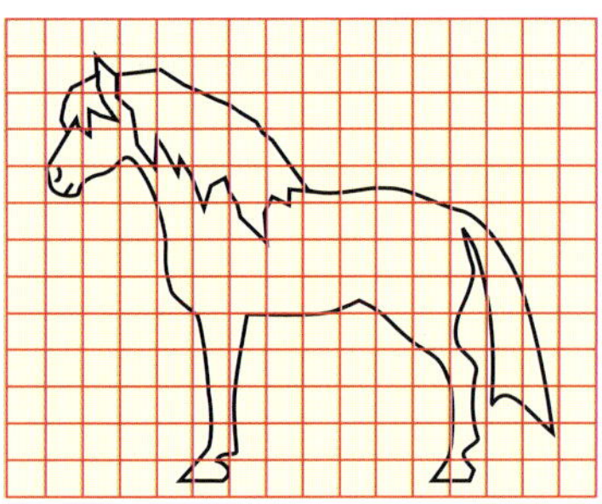

Schere oder Radiergummi
Stechzirkel oder Radiernadel zum Stechen der Aufhängelöcher
Nähgarn zum Aufhängen der Mobile-Teile
Holzstäbchen oder Drahtbügel für Mobiles aus dem Bastelbedarf

Übertragen und vergrößern Sie zunächst die Vorlagen mit Hilfe eines Gitterrasters und Transparentpapier. Wenn Sie die Pferdchen »freischwebend« gestalten wollen, sollte jedes maximal 10 x 10 cm groß werden. Falls Sie die Pferdemotive auf Basen gleicher Form kleben möchten, was das spätere Ausbalancieren des Mobiles vereinfacht, wählen Sie Kreise mit einem Durchmesser von etwa 10 cm oder Quadrate von etwa 10 mal 10.

Schneiden Sie nun Schablonen aus dickerem Papier, um die Umrisse der Pferdchen auf Tonpapier bzw. Moosgummi zu übertragen. Denken Sie daran, daß bei einem Mobile beide Seiten des Motivs gleich attraktiv sein sollen. Nun kleben Sie zunächst die Einzelteile zusammen. Beim Gangartenmobile besteht jeder Pferdekörper aus zwei Teilen, damit die Pferdchen möglichst plastisch wirken. Hinzu kommen Einzelteile für die Mähnen, die Sie am besten aus andersfarbigem Karton schneiden. Wenn Sie echtes Pferdehaar für das Langhaar Ihrer Pferdchen verwenden wollen, kleben Sie das Haar zwischen die beiden Körperhälften bzw. zwischen Basisplatte und Pferdchen.

Zuletzt wird das Mobile zwischen Daumen und Zeigefinger vorsichtig ausbalanciert. Wenige Millimeter vom Rand der Einzelfiguren entfernt stechen Sie Aufhängelöcher aus und montieren das Mobile mit dünnem Nähgarn.

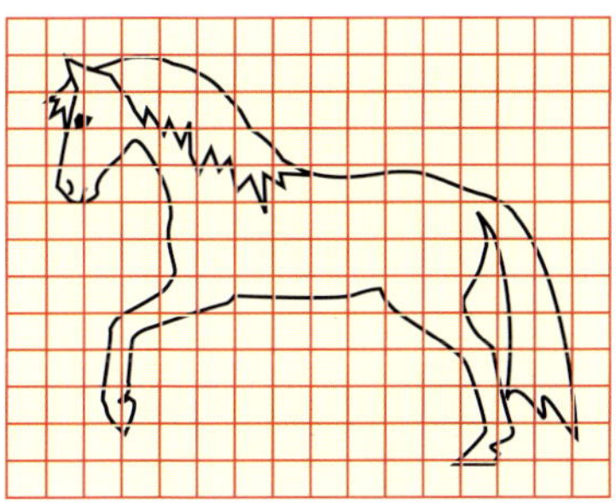
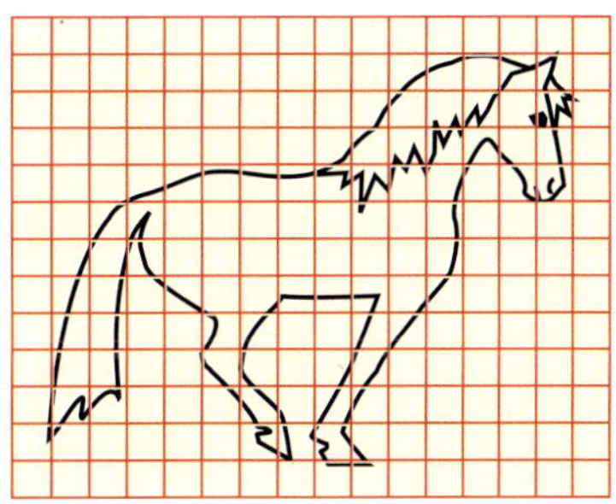

▸ Fensterbilder

Fensterbilder mit Pferdemotiven sind schnell erstellte Geschenke für alle Pferdefreunde. Besonders Kinder freuen sich über ein buntes Pferdebild für ihr Zimmerfenster und sind auch beim Basteln mit Eifer dabei.

▸ **Materialbedarf:**

Verschiedenfarbiger Tonkarton, 250 g/qm stark oder dünner Moosgummi
Transparentpapier und stärkeres Papier für die Schablonen
Schere oder Bastelmesser
Bleistift und Radiergummi
Stechzirkel oder Radiernadel zum Stechen des Aufhängelochs
Nähgarn oder dünner Nylonfaden zum Aufhängen des Fensterbildes

Zunächst vergrößern Sie die Vorlage mit Hilfe des Gitterrasters und Übertragung auf Transparentpapier. Die Größe ist beliebig, aber wenn Sie um mehr als etwa 50 % vergrößern, ist beim fertigen Bild natürlich erheblich weniger Stabilität gegeben.

Danach erstellen Sie aus dickerem Papier Schablonen für die Einzelteile und schneiden sie aus. Mit ihrer Hilfe werden die Umrisse auf Tonpapier übertragen und sorgfältig ausgeschnitten. Nun kleben Sie das Fensterbild zusammen. Das Übereinanderkleben der verschiedenen Teile gibt ihm einen ansprechenden Reliefcharakter. Diesen Effekt können Sie noch steigern, indem Sie den Klebstoff vornehmlich auf die Mitte der Teile streichen und die Seiten etwas abstehen lassen. Eventuell noch sichtbare Blei-

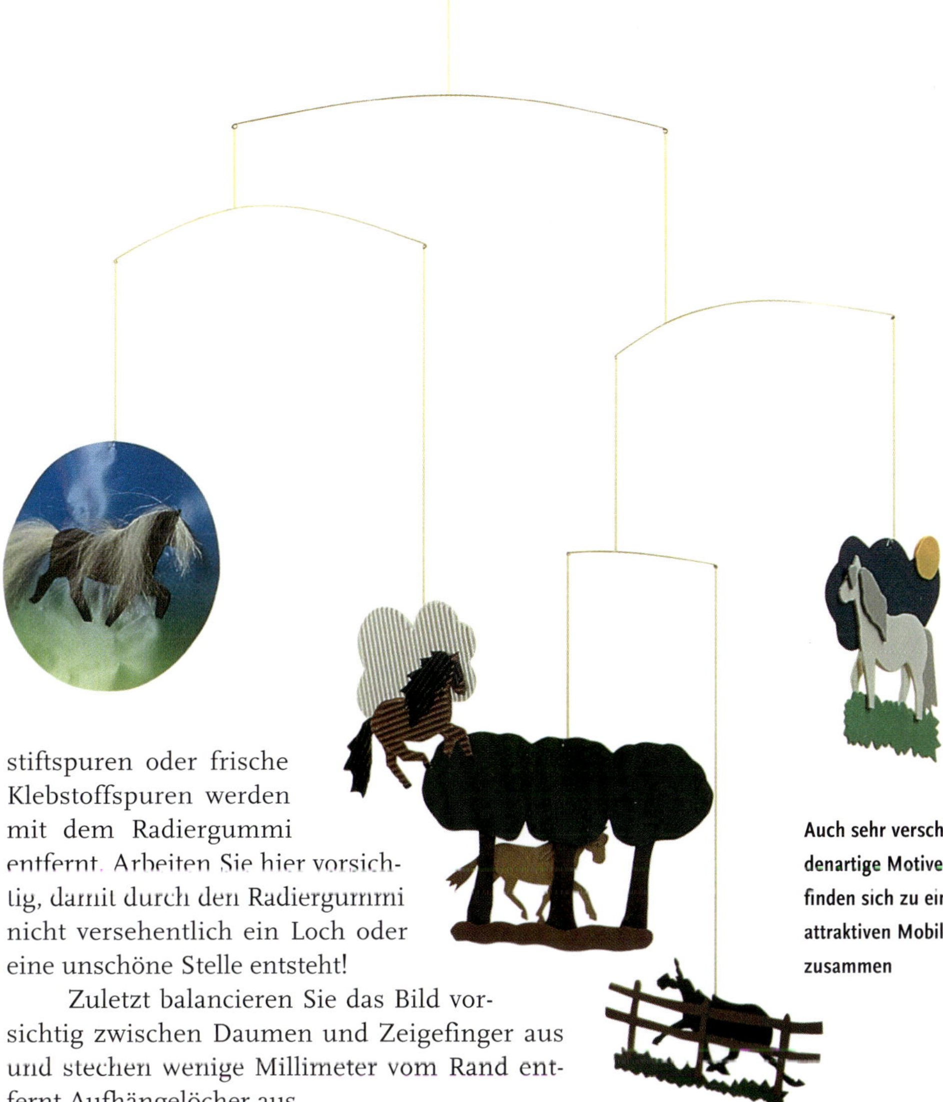

stiftspuren oder frische Klebstoffspuren werden mit dem Radiergummi entfernt. Arbeiten Sie hier vorsichtig, damit durch den Radiergummi nicht versehentlich ein Loch oder eine unschöne Stelle entsteht!

Zuletzt balancieren Sie das Bild vorsichtig zwischen Daumen und Zeigefinger aus und stechen wenige Millimeter vom Rand entfernt Aufhängelöcher aus.

Auch sehr verschiedenartige Motive finden sich zu einem attraktiven Mobile zusammen

Gangarten

Schritt, Trab und Galopp – diese drei Möglichkeiten, vorwärts zu gehen, lernt man in der Reitschule als »Grundgangarten des Pferdes« kennen. Viele Pferderassen auf der Welt zeigen allerdings davon abweichende Bewegungsvarianten.

Eine weitere Grundgangart ist z. B. bei vielen Rassen der Paß. Hier handelt es sich um eine Zweitaktgangart wie den Trab: Beim Reiten auf hartem Boden hört man 1-2, bevor der Bewegungsablauf sich wiederholt. Das Pferd setzt immer ein Vorder- und ein Hinterbein gemeinsam auf. Beim Trab sind das die diagonalen Beinpaare (links vorn, rechts hinten gleichzeitig, rechts vorn, links hinten gleichzeitig), beim Paß die gleichseitigen (links vorn, links hinten gleichzeitig, rechts vorn, rechts hinten gleichzeitig). Die Veranlagung zum Paß ist praktisch allen Gangpferderassen zueigen, auch wenn diese Schaukelgangart nur selten geritten wird.

Dafür schenken uns die jeweiligen Rassen aber andere, besonders bequeme Bewegungsvarianten. Das Islandpferd zum Beispiel bringt den Tölt mit, und der Tennessee Walker aus den USA kann seinen Schritt so stark beschleunigen, daß man vom »Running Walk« – »Rennschritt« – spricht. Sowohl Tölt als auch Running Walk sind für den Reiter wesentlich leichter zu sitzen als der von der Geschwindigkeit her vergleichbare Trab. Das kommt daher, daß sie – wie der bekanntlich ebenfalls recht gemütliche Schritt – zu den Viertaktgangarten gehören. Wenn das Pferd über harten Boden läuft, hört man ein deutliches 1-2-3-4, bevor der Bewegungsablauf sich wiederholt. Auch die Reihenfolge, in der das Pferd die Beine aufsetzt, ist der im Schritt sehr ähnlich. Wer sich – z. B. fürs Reitabzeichen – mal mit den Schrittphasen der verschiedenen Gangarten beschäftigt hat, weiß, daß bei der langsamsten Viertaktgangart Schritt eine Zweibeinstütze mit einer Dreibeinstütze abwechselt. Beim Running Walk ist das genauso, beim Tölt ähnlich. Hier ist das Pferd zwischen den Zweibeinstützen aber nicht mit drei Beinen, sondern nur mit einem auf dem Boden. Grundsätzlich gilt für alle Viertaktgangarten: Sie sind deshalb so bequem, weil das Pferd ständig mit mindestens einem Bein am Boden bleibt. Der Reiter wird also nicht »geworfen« wie in den Zweitaktgangarten Trab und Paß. Zu den Töltern gehören auch die Mangalargas Marchadores aus Brasilien.

Hier können Kinder mitbasteln

Zuerst werden die Einzelteile ausgeschnitten

Haarig – Mähne und Schweif attraktiv gestalten

Wolkenpferdchen

Fensterbilder und Mobiles mit Pferdemotiven erhalten einen besonderen Reiz, wenn man Mähne und Schweif der Papp-Pferdchen aus echtem Pferdehaar herstellt.

Stutzen Sie das Langhaar Ihrer Pferde oder Ponys dafür aber äußerst vorsichtig! Am besten schneiden Sie etwas Haar aus der Unterseite der Mähne heraus, da fällt es nicht so auf. Schweifhaar ist spröder und eignet sich meist nicht so gut wie Mähnenhaar, aber auch letzteres ist bei vielen Robustpferden sehr schwer

Rennpasser

Nun fügt man das Bild zusammen

Traumtölter

Tölter auf der Weide

Mondscheinpferdchen

Pferdehaltung

Ein Namensschild für die Pferdebox – bei dieser Arbeitsanweisung haben wir fast schon ein schlechtes Gewissen. Denn so praktisch es uns Menschen erscheinen mag, unsere Vierbeiner in 3 x 3 Meter großen, geschlossenen Ställen zu halten – mit artgerechter Pferdehaltung hat das nichts zu tun.

Pferde – vom Isländer bis zum Englischen Vollblut, sind erstens Frischluftfanatiker und zweitens sehr soziale Lebewesen. Sie brauchen Auslauf und Pferdegesellschaft, um seelisch nicht zu verkümmern. Am besten ist das bei der Offenstallhaltung gegeben, denn dabei bestimmen die Pferde selbst, wann sie im Stall und wann sie draußen stehen wollen. Im Sommer kann man den Stall dabei zur Weide öffnen, aber im Winter wird ein befestigter Auslauf benötigt. Die beste Lösung ist ein drainierter Sandauslauf. Er ist sowohl als Bewegungs- wie als Liegefläche geeignet. Leider ist seine Anlage recht teuer, weshalb sich die meisten Pferdebesitzer auf die Befestigung relativ kleiner Flächen beschränken. Die Pferde haben dann zwar etwas Platz zum »Beine Vertreten«, müssen aber zusätzlich unter dem Reiter bewegt werden wie Boxpferde. Eine vertretbare Pferdehaltung ist auch die Unterbringung in großen Gemeinschafts-Laufställen. Das wird in vielen großen Gestüten, z. B. im Landgestüt Marbach so gehandhabt. Wer gezwungen ist, sein Pferd in einer Reitstallbox zu halten, sollte ihm wenigstens stundenweise freien Auslauf auf Weiden oder Reitplätzen bieten. Zehn Minuten »Frei Longieren« in der Reithalle sind nicht genug!

Weiches Hundehaar eignet sich hervorragend für Mähne und Schweif

formbar und einfach zu dick für die zierlichen Papp-Pferdchen. Bei den Bastelarbeiten für dieses Buch haben wir deshalb auf das weiche Langhaar eines Bearded Collie zurückgegriffen! Wuschelhündin »Bonnie« hat schließlich wirklich genug davon, und auch andere Hunde trennen sich bestimmt gern von ein paar Strähnen für Frauchens Bastelei.

Ein ganz besonderes Stallschild

Einfach bunt

▸ Namensschilder für den Pferdestall

Jeder Reiter freut sich über ein ungewöhnliches Stallschild mit dem Namen seines Pferdes oder Ponys. Wer mit der Laubsäge umgehen kann, hat solche besonderen Namensschilder schnell erstellt.

Mindestens ebenso gut wie an der Boxtür machen sie sich übrigens am Tor zum Offenstall oder einfach an der Stallwand. Boxhaltung – ob mit oder ohne Dekoration – ist nicht im Sinne unserer Pferde!

▸ **Materialbedarf:**

Eine Holzplatte, etwa 0,5 cm stark, Größe ca. 25 x 30 cm
Sperrholzplatte zum Aussägen der Pferdemotive
Holzfarbe zum Beschriften und Bemalen des Schildes
Laubsäge oder Dekupiersäge, Pinsel
Zweikomponentenkleber
Schrauben zum Anbringen an der Stallwand

Als Vorlagen für ein Stallschild können Sie praktisch alle Pferdemotive aus diesem Buch verwenden. Z. B. die Mobilemotive oder die Motive aus »Anstecknadeln und Haarschmuck«.

Zuerst werden die Einzelteile der gewünschten Vorlage mittels eines Rasters oder im Copyshop auf eine Größe von etwa 10 x 15 cm vergrößert und ausgesägt. Dann bemalen Sie die Motive, wobei Sie das Pferdchen in den Farben des Pferdes halten, dessen Namensschild es zieren soll. Das Schild wird nun grundiert und mit dem Namen des Pferdes versehen. Verwenden Sie eventuell Schablonen für die Buchstaben, falls Sie sich das Beschriften in Schönschrift nicht zutrauen.

Nach dem Trocknen der Farben wird das ausgesägte Pferdchen zusammengeklebt und über den Namen gesetzt. Fixieren Sie es eventuell mit einem Nagel. Es wäre schade, wenn es herunterfiele und kaputt ginge, nur weil der Kleber nicht hält. Das fertige Namensschild wird lackiert und mit Schrauben oder Nägeln an der Stallwand angebracht.

Alternativen zu einem solchen bunten Stallschild bietet natürlich ein künstlerisches Spiel mit ausgesägten Buchstaben und Pferdemotiven mit Reliefcharakter. Für das auf S. 113 abgebildete Stallschild für »Parfait« wurde das Bild eines Warmblüters abgepauscht und mittig auf eine Sperrholzplatte übertragen. Beim Aussägen des Motivs wurde sorgfältig darauf geachtet, die Platte nicht zu beschädigen, so daß sie als Basisplatte für das Namensschild dienen kann. Aus einer anderen Sperrholzplatte wurden die Buchstaben des Pferdenamens gesägt, und Pferdchen und Name versetzt auf die Platte geklebt.

Ein lustiger Tölter

Stallschild für Traumpferde

So entsteht das Namensschild

Weitere Variationen an Namensschildern sind natürlich immer möglich – wie bei allen Ideen in diesem Buch wollen wir lediglich Anstöße geben, damit Sie selbst kreativ werden und mit originellen Sachen Mensch und Pferd erfreuen.

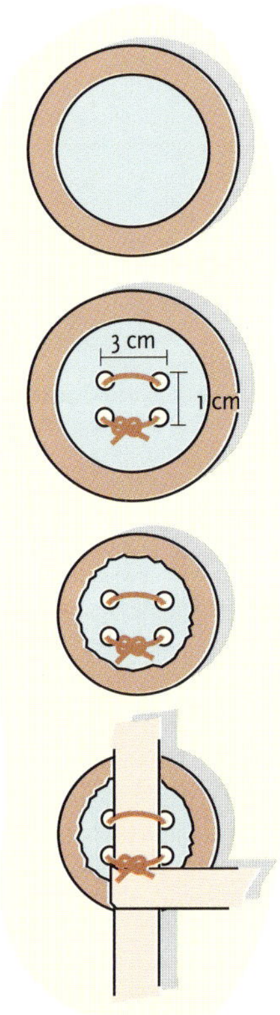

So wird der Trensenschmuck an der Trense befestigt

Bunter Trensenschmuck

Ein Blickfang auf jedem Turnier ist dieser Trensenschmuck in Plakettenform. Die runden Schmuckelemente werden durch das Nackenstück des Kopfstücks eines Pferdes oder Ponys gezogen und sitzen dann an beiden Seiten seines Kopfes über dem Stirnband. Wir stellen Ihnen hier zwei Varianten dazu vor: eine leichte aus Weichkunststoff, eine schwerere aus Fimo-Masse. Variante 1 eignet sich vor allem für dünne Kopfstücke, wie sie meist von edlen Ponys oder Vollbluttypen getragen werden. Variante 2 ist besser für schwerere Kopfstücke geeignet, und schmückt z. B. die Zäumungen von Warmblütern oder Robustpferden.

Materialbedarf für die Basis:

Variante 1:

2 Weichkunststoffdeckel z. B. von Kaffeedosen
Schere, Lochzange
Lederbändchen

Variante 2:

1 bis 2 Wannen für Modelliermassen aus dem Bastelbedarf, Durchmesser höchstens 6 cm
Lederbändchen, Kupferdraht, Hammer und Nagel

Materialvorschläge für das Motiv:

Fimo
Perlen, Stickgarn, Straß
Lederreste o. ä.
Klarlack

Variante 1:

Aus dem Weichkunststoff schneiden Sie 2 Scheiben von etwa 6 cm Durchmesser. Mit der Lochzange werden Löcher eingestanzt wie die Zeichnung zeigt. Anschließend ziehen Sie Lederbändchen hindurch und fixieren die Knoten gut mit Klebstoff.

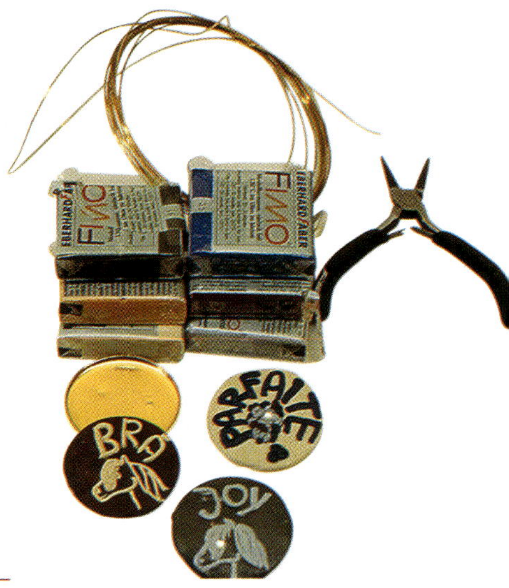

So hübscher Trensenschmuck entsteht aus Fimo-Masse

Dieses Fimo-Namensschild wurde in der Schmuckwanne gebrannt

Auf die Rückseite eines Restes von dünnem Leder oder Alcantara markieren Sie nun den Durchmesser der Scheiben und schneiden dann Kreise von etwa 3 cm größerem Durchmesser aus. Die inneren Lederkreise können Sie anschließend in hübschen Variationen ganz nach Laune verzieren. Dazu können zum Beispiel Perlen oder Lederornamente angebracht werden. Die fertigen Lederkreise kleben Sie dann auf die Kunststoffscheiben. Das überstehende Leder wird eingeschnitten, über die Seiten umgeklappt und ebenfalls festgeklebt. So sind auch die Ränder der Kunststoffscheiben verdeckt.

Formen und Anbringen der Drahtenden

Variante 2:

Fimo-Trensenschmuck können Sie sowohl in Wannen für Modelliermasse brennen als auch ohne diese zusätzliche Umrandung. Letzteres bietet sich an, wenn der Schmuck für kleine Pferde gedacht ist und insofern nicht zu schwer werden darf.

Falls Sie mit den Wannen arbeiten wollen, entfernen Sie zunächst mit einer Kneifzange Nadeln und Ösen der Anstecknadeln an der Rückseite der Wannen. Dann werden zweimal zwei Löcher im Abstand von etwa 3 cm angebracht, indem Sie die Wannen auf ein Holzbrett legen und an den entsprechenden Stellen einen Nagel einschlagen. Schließlich biegt man die Kupferdrahtösen

Eine Strähne Pferdehaar wird benötigt

In der Mitte zusammenbinden

Umknicken und mit der Schnur fixieren

und bringt sie an, wie die Zeichnung zeigt. Nach dem Brennen werden sie mit Lederbändchen verbunden.

Möchten Sie die Wannen nicht mitbrennen, benötigen Sie sie nur zum Ausstechen der Scheiben (wozu Sie natürlich auch eine beliebige andere runde Form im Durchmesser von maximal 6 cm nehmen können). Die Haken formen Sie dann so, wie das Foto zeigt, und bringen sie mit Hilfe von zwei Fimo-Klümpchen möglichst sicher auf der Rückseite des Trensenschmucks an.

Auch als Schlüsselanhänger bestens geeignet

Nun legen Sie die Scheiben so auf zwei Brettchen, daß die Ösen dazwischen liegen und nicht hochgedrückt werden können. Die Scheiben liegen dann gerade zum Füllen und Verzieren mit Fimo-Knetmasse oder mit Schmuckgegenständen. Achten Sie in diesem Fall aber darauf, nur Schmuck zu verwenden, der die Hitze beim Brennen aushält! Spezialmaterialien sind im Bastelbedarf erhältlich.

Zum Brennen können Sie den Trensenschmuck ohne weiteres mit der geschmückten Seite nach unten aufs Blech legen. Er wird sich nicht verformen.

Sofern Sie Wannen verwenden, wird die Fimo-Masse in den Wannen gebrannt, muß aber anschließend noch einmal mit Zweikomponentenkleber darin fixiert werden. Zum Schluß wird das Ganze mit Klarlack lackiert und mit Lederbändchen am Kopfstück befestigt.

Mit bunten Perlen schmücken

Schmuckgegenstände aus Pferdehaar

Aus dem spanischen Reitsportbedarf kennt man aufwendigen Trensenschmuck aus Pferdehaar und Leder – sehr edel und sehr teuer, und eine Zierde für jedes Pferd. Troddel aus Pferdehaar sind aber auch als Schlüsselanhänger beliebt, und eine besonders pfiffige Idee ist es, sie an Haarspangen zu befestigen.

Materialbedarf:

Pferdemähnen- oder Schweifhaar, z. B. gesammelt beim Auskämmen des Langhaars, oder, bei Pferden mit starkem Behang, einfach abgeschnitten.

Die Strähne sollte einen Durchmesser von etwa 6 mm haben und ca. 20 cm lang sein.

Festes Baumwollgarn

Lederbändchen

Bunte Perlen

Pferdehaar als Trensenschmuck

Fixieren Sie die Haarsträhne mittels Gummiband oder Baumwollgarn in der Mitte und klappen Sie sie um. Die so entstandene Troddelschlaufe wird dann durch mehrmaliges festes Umwickeln mit Baumwollgarn fixiert. Anschließend schneiden Sie die Haarsträhne auf ca. 10 cm gerade ab.

Den so entstandenen Troddel können Sie nun beliebig verzieren. Z. B. indem Sie einfach ein paar bunte Perlen auf die Baumwollgarnenden ziehen und das Ganze herunterhängen lassen. Oder Sie verdecken das Baumwollgarn mit Lederbändchen und lassen die Enden mit Perlen herunterhängen. Sie sollten sie dann aber durch einen Knoten beschweren. Schließlich wird der fertige Troddel mittels der ersten Baumwollenden an der Trense befestigt.

Häkelpony »Wollnir«

Wir haben dieses knuddelige Stoffpony aus Islandwolle gehäkelt und es auf den Namen »Wollnir« (oder »Wollna« falls es eine Stute sein soll) getauft. Sie können es aber selbstverständlich auch aus anderer Wolle oder Häkelgarn herstellen. Möglicherweise wird es dann allerdings größer oder kleiner, wenn es fertig ist.

Materialbedarf:

Ca. 200 g Islandwolle beliebiger Farbe
Wollreste für Hufe, Mähne, Halfter usw.
Schaumgummifüllmaterial oder Füllwatte aus dem Bastellbedarf
Häkelnadel Nr. 5

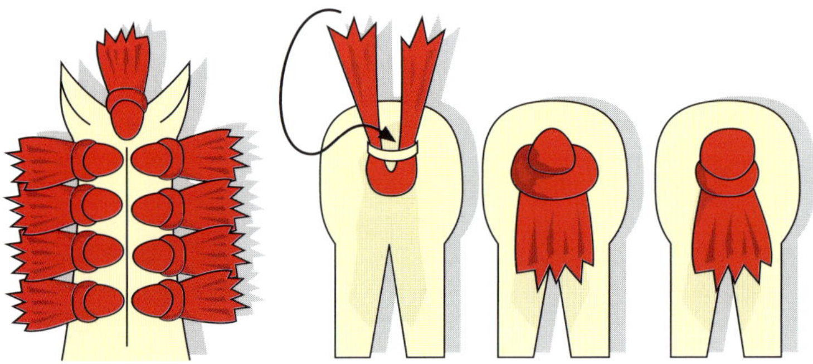

So werden Mähne und Schweif befestigt

Das Pony wird in festen Maschen gehäkelt. Kopf, Hals, Körper und Beine werden gesondert erstellt und erst zuletzt zusammengenäht.

KOPF In der Grundfarbe aus einer Anschlagmasche 8 Maschen aufnehmen und spiralförmig häkeln. Regelmäßig Maschen zunehmen, so daß Sie etwa bei der vierten Runde 25 Maschen erhalten. 10 Runden hochhäkeln, dann die Maschenzahl genauso verkleinern, wie Sie sie aufgenommen haben. Rechtzeitig vor dem Zusammenhäkeln der letzten Maschen, also Schließen des Kopfsacks, stopfen Sie den Kopf mit Schaumgummi oder Füllwatte aus, so prall es nur geht! Die Schaumgummistücke, die dabei zwischen den Maschen hindurchquellen, werden nach dem Schließen des Sackes entfernt.

HALS Der Hals des Pferdchens wird als Schlauch angelegt und erst gefüllt, wenn er mit Kopf und Körper zusammengenäht wird. Schlagen Sie also 28 Luftmaschen an, verbinden sie und häkeln einfach 17 Runden hoch.

KÖRPER Aus der Anfangsmasche 10 Maschen aufnehmen und beim spiraligen Hochhäkeln regelmäßig Maschen zunehmen. In der achten Reihe sollen 45 Maschen erreicht sein. Je nach-

Der Ponykopf nimmt Formen an

Schwarz behuft und weiß gestiefelt

dem, wie lang Sie Ihr Pferdchen haben möchtet (Westernreiter stehen auf »Quadrat-Wollnirs«, Dressurfans möchten vielleicht lieber ein »Rechteckpferd«) häkeln Sie 20 bis 25 Reihen hoch. Anschließend wird die Maschenzahl im Verlauf von 8 Runden wieder reduziert. Achtung: Der Körper muß rechtzeitig gefüllt werden, bevor das Loch zu klein wird!

BEINE Für die Hufe schlagen Sie aus einer Anfangsmasche 8 Maschen in dunkler Farbe an. Im Laufe der ersten vier Reihen wird die Maschenzahl auf 20 erhöht. Dann wechseln Sie entweder gleich zur Grundfarbe oder häkeln noch ein paar Runden mit weißer Wolle, damit Ihr Pferdchen spater »weiß gestiefelt« ist. Insgesamt häkeln Sie jedenfalls vierzehn Reihen hoch. Auch die Beine des Pferdchens werden erst beim Annähen an den Körper gefüllt.

OHREN Schlagen Sie 7 Maschen an und häkeln 2 Reihen hoch. Dann reduzieren Sie in jeder Reihe die Maschenzahl um 2, bis nur noch eine Masche übrig ist. Die so entstande-

So sieht »Wollnir« fertig aus

Die einzelnen Teile werden mit Watte gestopft

nen Dreiecke werden in der Mitte gefaltet und an den Kopf genäht.

FERTIGSTELLUNG: Zunächst nähen Sie das Halsteil an den Kopf des Pferdes und stopfen es aus. Sparen Sie dabei nicht mit Füllmaterial, der Hals braucht eine gewisse Festigkeit! Dann wird das Halsteil an den Rumpf genäht. Vor dem endgültigen Schließen der Naht noch einmal Füllmaterial nachstopfen. Sonst läßt Wollnir schnell den Kopf hängen!

Auch die Beine werden zunächst locker gestopft und dann an den Körper genäht. Vor dem endgültigen Schließen der Naht sollten Sie hier ebenfalls nachstopfen. Wollnir muß auf seinen Beinen stehen können! Wenn Sie Mähne und Schweif in einer Kontrastfarbe erstellen, gibt das

einen schönen Effekt. Schneiden Sie für den Schweif ca. 14 etwa 30 cm lange Fäden ab und ziehen sie alle gleichzeitig durch die Kruppe des Pferdchens, wie die Zeichnungen auf S. 120 zeigen. Der Knoten hält sie sicher an ihrem Platz. Anschließend kürzen Sie den Schweif auf die gewünschte Länge. Für die Doppelmähne brauchen Sie etwa 52 ca. 20 cm lange Fäden. Je zwei davon werden ebenfalls mit einem Knoten rechts und links entlang der Halsoberlinie befestigt. Zwischen den Ohren werden vier für den Stirnschopf verknotet.

Das Maul des Pferdchens wird aufgestickt. Für die Augen nimmt man besser einen Filzrest und schneidet Kreise von etwa 1 cm Durchmesser. Die Pupille wird mit Filzschreiber aufgemalt.

Das fertige Pferdchen können Sie nun individuell mit Halfter, Zügeln, Decke oder Sattel ausstatten. Dazu nehmen Sie Wollreste, Lederbändchen oder Waschlederreste.

Serviceteil

NÜTZLICHE ADRESSEN

Deutsche Vereinigung
zum Schutz des Pferdes (DVSP)
Wienkamp 11
46354 Südlohn
Tel. 02862-8189
Fax 02862-8013

FS Test Zentrum Reken
Frankenstr. 37
48734 Reken
Tel. 02864-24 34
Fax 02864-58 60

KOSMOS Kompetenz
Seminare für Reiter und Pferdehalter
Postfach 10 60 11
70049 Stuttgart
Tel. 0711-21 91 270
Fax 0711-21 91 350

TTEAM Deutschland
Bibi Degn
Hassel 4
57589 Pracht
Tel. 02682-88 86
Fax 02682-66 83

TTEAM Österreich
Ruth & Martin Lasser
Anningerstr. 18
A – 2353 Guntramsdorf
Tel. 02236-47 00 0
Fax 02236-47070

TTEAM Schweiz
Doris Süess-Schröttle
Mascot Ausbildungszentrum AG
CH – 8566 Neuwilen
Tel. 071-69 91 825
Fax 071-69 91 827

ZUM WEITERLESEN

BENDER, INGOLF: Praxishandbuch Pferdehaltung
Haltungsanlagen optimal geplant, Stuttgart 1999
GAWANI PONY BOY: Horse, follow closely
Indianisches Pferdetraining – Gedanken und Übungen, Stuttgart 1999
GOHL, CHRISTIANE: Das Kosmos Buch vom Reiten, Stuttgart 1997
GOHL, CHRISTIANE: Was der Stallmeister noch wußte, Stuttgart 1999
GOHL, CHRISTIANE: Trainingsplan Pferde erziehen, Stuttgart 1998
GOHL, CHRISTIANE: Pferdekunde
Basiswissen rund ums Pferd, Stuttgart 1999
GOHL, CHRISTIANE: Entspannt Reiten
Weniger Streß im Umgang mit Pferden, Stuttgart 1992
HAWCROFT, TIM: Kosmos Lexikon Pferdekrankheiten, Stuttgart 1998
HOFFMANN, MARLIT u. KARL: Reiterrallyes-Reiterspiele
Vorbereitung auf Allround-Wettbewerbe, Spiel und Spaß, Stuttgart 1998
PENQUITT, NATHALIE: Nathalie Penquitts Pferdeschule
Zauber der Verständigung, Stuttgart 1996
SCHACHT, CHRISTIAN: Pferdekrankheiten
Vorbeugen, erkennen und richtig handeln, Stuttgart 1999
SCHULZE, SIGRID: Pferdehaltung rund ums Jahr, Stuttgart 1997
SCHWÖRER-HAAG, ANKE: Das Islandpferd
Geschichte – Haltung – Freizeit – Sport, Stuttgart 1998
SCHWÖRER-HAAG, ANKE: Reiten auf Islandpferden
Spaß an Tölt und Paß, Stuttgart 2000
SINGLE, KARL u. RAUE, THOMAS: Reiten Lernen
Vertraut mit dem Pferd von Anfang an, Stuttgart 1999
TELLINGTON-JONES, LINDA: Die Linda Tellington-Jones Reitschule, Stuttgart 1996
TELLINGTON-JONES, LINDA: Trainingsplan TTouch I, Stuttgart 1998
TELLINGTON-JONES, LINDA: Liebe Linda
Pferdefreunde fragen Linda Tellington-Jones, Stuttgart 1997
TIETJE, UTE: Westernreiten
Praxiswissen für Ein- und Umsteiger, Stuttgart 1999

BILDNACHWEIS

Mit 230 Farbfotos, überwiegend fotografiert von Hildegard Tollkötter-Büttner. Weitere Fotos: Lothar Lenz, Cochem (S. 44), Pferdesport Krämer, Hockenheim (S. 69), Ralf Roppelt, Stuttgart (S. 5, 33), Christof Salata, Stuttgart (S. 4/5, 76, 104), Denise Senkhorst-Wulf, Gütersloh (S. 90, 114/115), Horst Streitferdt, Böblingen (S. 32/33, äußere Umschlagklappe oben), Sabine Stuewer, Darmstadt (S. 1, 45, 68/69, 70, 180, 122/123), Ute Tietje, Kirchlinteln (S. 15).

Die Grafiken im Innenteil erstellte Cornelia Koller, Schierhorn.

IMPRESSUM

Umschlaggestaltung von Atelier Reichert, Stuttgart, nach einer Konzeption von eStudio Calamar; Titelfotos von Christof Salata, Stuttgart (großes Motiv) und Alois Müller, Meerbusch (kleines Motiv). Foto auf dem Buchrücken von Bernd Schellhammer, Großstadelhofen.

Die Deutsche Bibliothek – CIP-Einheitsaufnahme

Ein Titelsatz für diese Publikation ist bei
Der Deutschen Bibliothek erhältlich

ISBN 3-440-07681-4
Redaktion: Katja Metzler
Grundlayout: Friedhelm Steinen-Broo, eStudio Calamar
Gestaltung: Gisela Dürr, Nottuln Appelhülsen
Herstellung: Kirsten Raue
Satz: Atelier Krohmer, Dettingen/Erms
Printed in Germany / Imprimé en Allemagne
Druck und Buchbinder: Westermann Druck Zwickau GmbH, Zwickau

REGISTER

Einige der abgebildeten Personen auf den Fotos dieses Buches tragen keine Reitkappe. Wir möchten aber ausdrücklich darauf hinweisen, daß eine Reitkappe, die allen Sicherheitsnormen entspricht, möglichst getragen werden sollte und in vielen Fällen sogar Pflicht ist.
Alle Angaben in diesem Buch erfolgen nach bestem Wissen und Gewissen. Sorgfalt bei der Umsetzung ist indes dennoch geboten. Der Verlag, die Autorinnen und die Herausgeber übernehmen keinerlei Haftung für Personen-, Sach- oder Vermögensschäden, die aus der Anwendung der vorgestellten Materialien und Methoden entstehen könnten.